网络营销

主编 那 淼 董春超
参编 鞠 萍 商松岩

北京邮电大学出版社
www.buptpress.com

内 容 简 介

本书是以典型性的学习任务为主线，结合工作岗位的职业规范要求和学生自身的认知特点，以掌握网络营销知识和营销方法技能为目标而设计的一体化教材。本书以营销团队帮助一家品牌服饰专卖店开展网络营销活动为主线，展开一系列学习任务和学习活动设计，书中的每个学习任务都根据任务主题设计了相应的情景和学习活动，以培养学生的综合职业能力。本书从网络营销认知、网络运营、网络推广、网络营销效果分析与优化方面共设置了 4 个学习任务、14 个学习活动，是一本适合网络营销从业者和网络营销专业学生学习的教材，也适合职业院校电子商务、网络营销等相关专业学生及有志于从事网络营销工作的人学习使用。

图书在版编目（CIP）数据

网络营销 / 那淼，董春超主编 . -- 北京：北京邮电大学出版社，2019.6（2023.3 重印）
ISBN 978-7-5635-5738-7

Ⅰ. ①网… Ⅱ. ①那… ②董… Ⅲ. ①网络营销—高等学校—教材 Ⅳ. ①F713.36

中国版本图书馆 CIP 数据核字（2019）第 098984 号

书　　名：	网络营销
作　　者：	那　淼　董春超
责任编辑：	徐振华　王小莹
出版发行：	北京邮电大学出版社
社　　址：	北京市海淀区西土城路 10 号（邮编：100876）
发　行　部：	电话：010-62282185　传真：010-62283578
E-mail：	publish@bupt.edu.cn
经　　销：	各地新华书店
印　　刷：	保定市中画美凯印刷有限公司
开　　本：	787 mm×1 092 mm　1/16
印　　张：	8
字　　数：	197 千字
版　　次：	2019 年 6 月第 1 版　2023 年 3 月第 5 次印刷

ISBN 978-7-5635-5738-7　　　　　　　　　　　　　　　　　　定　价：24.00 元

· 如有印装质量问题，请与北京邮电大学出版社发行部联系 ·

前　言

网络营销是以现代电子技术和通信技术的应用与发展为基础，与市场的变革和竞争以及营销观念的转变密切相关的一门新兴学科。随着互联网和移动通信技术的迅速发展，网络营销已经在企业经营策略中发挥着越来越重要的作用，其价值也为越来越多的实践所证实。

网络营销相对于传统的市场营销，在许多方面存在着明显的优势，对企业改善销售环境，提高产品竞争能力和市场占有率具有非常重要的现实意义。本书针对电子商务及网络营销人才的需求编写，可作为职业院校电子商务、市场营销及其他商贸类专业学习网络营销的教材，也可作为电子商务、网络营销爱好者的自学用书。

本书按照"理实一体化、情景设置、任务驱动"的原则，根据现代企业网络营销工作中的岗位设置、任务分工以及对业务流程的要求，通过4个典型学习任务和14个学习活动，介绍了网络营销及其岗位认知、网络运营、网络推广和网络营销效果分析与优化等方面的内容。本书在内容上，不仅有"病毒"营销、免费定价策略等最核心的网络营销策略，还有论坛、搜索引擎、微博、微信等营销工具的运用方法；在形式上，既有理论知识、案例研究，又有同步实训。本书主次分明，重点突出，通俗易懂。

本书由北京市新媒体技师学院那淼、董春超老师主编，参与编写的有北京市新媒体技师学院鞠萍、商松岩老师。在编写中，编者参考和借鉴了有关的专著、教材和网络资讯，在此向各位作者表示由衷感谢，同时，感谢北京邮电大学出版社编辑的悉心指导和支持，并鸣谢京上优品的王志刚先生为本书提供宝贵资源和素材。

由于网络营销专业内容的可变性和时效性，书中疏漏和不足之处在所难免，在此欢迎广大读者批评指正，以便本书再版时进行修订与完善。

编　者

目 录

学习任务一　开展网络营销活动 ··· 1

　　学习活动　　展示网络营销的不平凡 ································· 1

学习任务二　开展市场网络运营活动 ····································· 9

　　学习活动一　调研网络市场状况 ····································· 9

　　学习活动二　分析用户需求 ··· 26

　　学习活动三　制订网络营销策略 ····································· 33

学习任务三　实施网络推广 ··· 45

　　学习活动一　打造网络推广计划 ····································· 45

　　学习活动二　巧用优化与竞价，提升核心竞争力 ······················· 50

　　学习活动三　致会员一封专属订阅邮件 ······························· 62

　　学习活动四　做个不像广告的软文 ··································· 70

　　学习活动五　利用论坛"帖"打造品牌 ······························· 75

　　学习活动六　利用微博"粉"提升品牌知名度 ························· 83

　　学习活动七　利用微信"圈"增加销售业绩 ··························· 89

　　学习活动八　利用即时通信"群"带动转化率 ························· 100

　　学习活动九　开展"病毒"营销 ····································· 106

学习任务四　进行网络营销效果分析与优化 ······························· 112

　　学习活动　　提出网络营销优化建议 ································· 112

参考文献 ··· 122

学习任务一
开展网络营销活动

任务导学

  网络营销（英文为 On-Line Marketing 或 E-Marketing）是随着互联网进入商业应用而产生的，尤其是万维网、电子邮件、搜索引擎等得到广泛应用之后，网络营销的价值越来越明显。网络营销是企业整体营销战略的一个组成部分，是为实现企业总体经营目标所进行的，以互联网为基本手段营造网上经营环境的各种活动。其可以利用多种手段，如 E-mail 营销、博客与微博营销、网络广告营销、视频营销、媒体营销、竞价推广营销、搜索引擎优化（SEO）排名营销等。简单地说，网络营销就是以互联网为主要平台，为达到一定营销目的而进行的全面营销活动。

  通过对学习活动实施与评价的学习，能对网络营销的概念、特点和岗位需求有大致了解，为后面的学习打下坚实基础。

学习活动　展示网络营销的不平凡

案例导读

广汽本田公司与小米公司联合打造的概念车亮相

  在 2018 年锋范品牌体验活动上，由广汽本田公司与小米公司联合打造的一款概念车亮相。据了解,接下来广汽本田公司还将继续与小米公司开展合作,启动众测活动,产出"米粉"特有视角的测评文章。

据介绍,这款概念车是广汽本田公司联合小米营销极客实验室,对2018款广汽本田锋范进行外观改造和内饰科技升级后打造的一款改装概念车。这款概念车采用了运动感十足的车身包围套件、炫酷的蓝色电光漆,并搭载了智能后视镜和车载空气净化器等智能装备。与小米营销的跨界合作是继广汽本田MODE CHOICE锋范快闪店后,广汽本田公司在时尚营销领域的又一次尝试。

2018年6月,广汽本田公司宣布旗下的中级车锋范将与小米公司达成年度战略合作,双方将在泛营销层面展开数据管理、米粉营销、线下落地等联名合作,共同探索未来年轻人的需求趋势,以更创新的营销方式拉近与年轻人的情感距离,触发年轻人与品牌的深度共鸣。接下来,广汽本田公司将会启动众测活动,扎根小米社区平台,以"米粉"最熟悉的"招募、体验、测评、扩散"形式,充分调动"米粉"的参与感,产出"米粉"特有视角的测评文章。

锋范作为广汽本田公司的首款中级车,是广汽本田公司的全球战略车型,数据显示,2018年的1—6月,锋范的累计销量为23 099辆,其中6月销量为5 303辆,销量量同比增长18.7%。

学习活动来源描述

成立于2018年的某品牌服饰专卖店本打算与传统服装经销商合作推广新品校服,但其销售部主管王东看到广汽本田公司与小米联合营销取得了巨大成功,这令他意识到网络推广对企业的经营和发展至关重要,于是他萌生了向企业建议全面开展网络营销活动的想法。可是他对网络营销的概念以及网络营销人员招聘的知识掌握尚浅,对网络营销工作岗位的类别和相应的工作任务不了解,也对网络营销岗位应具备的能力和职业素养不明确。

学习活动内容

(1)制作招聘广告牌。
(2)模拟招聘现场。
(3)表述网络营销的概念及未来。
(4)描述网络营销工作岗位的类别和相应的工作任务。
(5)表述网络营销岗位应具备的能力和职业素质。

学习活动目的

(1)掌握网络营销概念及其岗位的职责。
(2)了解网络营销岗位的职业素质和职业能力。

学习活动准备

计算机、互联网、彩纸、笔。

学习活动实施

步骤1：学生查找职位。在"智联招聘""中华英才""淘工作"等网上招聘平台的"职位搜索"中选择职位分类、工作模式及工作地点，或者在网上招聘平台的"关键词搜索职位"中直接输入"网络营销"来查找相关职位。

步骤2：学生根据对网络营销的认识，筛选网络营销、网络运营和网络推广等相关的岗位，制作招聘广告牌，并张贴出去。

步骤3：学生按照6~7一组，分配好岗位角色，教师作为主考面试官，准备好面试的问题。

步骤4：模拟招聘现场。学生根据兴趣选择岗位并在指定岗位前等待面试（在学习活动中需确保每个岗位方向的应聘人员数量相对均衡）。

步骤5：面试者要回答面试官提出的问题，面试官要对面试者进行综合评价记录。

步骤6：主考面试官宣布面试结果。

步骤7：教师对整个学习活动开展情况进行点评、总结、反思，并提出改进措施。

成果展示

招聘广告牌、面试发言稿。

学习活动评价

对整个学习活动执行过程进行评价，特别是对学习活动过程中所取得的成果进行评价。评价主体包括学生本人和学习活动小组，同时指导教师参与评分。网络营销岗位认知学习活动的评价表如表1.1所示。

表1.1 网络营销岗位认知学习活动的评价表

评价项目	岗位设置(20%)	招聘广告牌设计(20%)	现场面试的表达(60%)
评价标准	A. 非常合理 B. 合理 C. 不合理	A. 非常美观 B. 比较美观 C. 不美观	A. 流畅、详细、精准 B. 简明扼要，基本到位 C. 表述不流畅，脱离主体
自己评分			
小组评分			
教师评分			
总得分			

说明：

1. 表格内按百分制打分。
2. 各标准对应的分数范围：A为80~100分；B为60~79分；C为60分以下。

 **知识链接**

1. 网络营销概念

网络营销是以国际互联网为载体,利用数字化信息和网络媒体的交互性来辅助实现营销目的的一种新型的营销方式。它贯穿于企业营销活动的全过程,包括寻找新客户、服务老客户,并涉及网络消费者行为分析、网络市场调研、网络市场细分、网络分销、网络服务和网络沟通等电子商务的各个环节。

2. 网络营销的基本职能

网络营销的基本职能可从两个方面来体现。

对企业而言,网络营销有利于企业扩大市场覆盖范围,提高市场占有率。通过网络,企业与顾客之间可以进行良好的沟通。首先,在互联网时代,消费者希望付出较小的购物成本来完成购物,并在购物的同时享受网络带来的乐趣。网络营销简化了购物环境,节省了消费者的时间和精力,提高了买卖双方的交易效率。其次,消费者可以根据自己的需求收集相应的信息,如产品、厂家等信息,通过比较做出购买决定。企业可以通过制作调查表来了解顾客的需求,或让顾客参与产品设计、开发、生产,使生产真正做到以顾客为中心,从而提高企业竞争力。

对消费者而言,网络营销能使企业更好地为消费者提供服务,满足消费者个性化需求。网络营销是以消费者为导向的,因此消费者可以不受时空的限制,利用互联网寻求满意的商品和服务,甚至根据自己的需求进行定制产品。网络营销可提高消费者购物的效率。现在社会的生活节奏快,消费者希望用在商店购物的时间越短越好。网络购物时,消费者在获得大量信息和得到乐趣的同时,在办公室或者家中点击鼠标即可轻松地完成购物,这种互动性的个性化服务,缩短了消费者购物的时间,提高了消费者购物的效率。

3. 网络营销与传统营销的区别

传统营销以实体市场的线下交易为主,而网络销售以虚拟市场的在线交易为主。网络营销与传统营销是构成企业整体营销战略的重要组成部分,网络营销是在网络环境下对传统营销的扩展和延伸,它与传统营销有着内在的必然联系,但在产品的需求、价格与成本、手段、方式工具、渠道以及营销策略等方面有着本质的区别。

(1)产品与需求方面。网络营销把消费者的需求摆在首位,而传统营销考虑的是企业能生产什么样的产品。

(2)价格与成本方面。网络营销更多地考虑消费者为满足需求愿意付多少钱,而传统营销是根据产品生产成本进行定价的。

(3)渠道与便利性方面。网络营销的渠道首先考虑在顾客购物等交易过程中如何给消费者便利,而不是先考虑销售渠道的选择和策略,而传统营销渠道要经过批发商、代理商等多层多次多渠道来实现营销目的。

(4)促销与沟通方面。网络营销是一对一的、双向沟通的,由消费者主导,可扩大消费者的随机购买频率和重复购买频率,缩短消费者的购买决策时间,提高产品的销量,而传统营销是一对多的、单向沟通的,是以卖方为主导的。

4. 网络营销岗位认知

网络营销岗位的专业人才非常紧缺。网络营销人员必须熟悉互联网,且能熟练运用各种网络工具,具备一定的市场营销能力,还要全面了解自己服务的行业,能根据市场营销变化为企业量身制订合理的营销方案。

企业的网络营销部门岗位一般会设置运营经理、运营专员、网络编辑、SEO 专员、网站推广专员、网络营销文案策划、网站美工等,各企业可根据内部管理管理机制进行岗位的相应增减。运营专员、网络编辑和网站推广专员等是基础性的岗位。

(1) 运营专员

该岗位主要负责产品、品牌创意推广文案的撰写和网络专题活动的策划,对网站营销力和传播力负责。

从事这项工作时,要求熟悉商城或网店的运营环境、交易规则,精通网上销售的各个环节,负责产品页及首页的页面编辑、图片编辑;负责商城或网店的日常维护以及增强商城或网店吸引力,扩大产品销量;参与商城或网店的整体规划、营销和客户关系管理等系统经营性工作;分析网络会员的购物习惯和购物心理,能根据客户网购的心理需求,对售前售后服务进行有效的页面支持;负责策划、执行活动方案,优化活动效果。运营专员岗位任职标准见表 1.2。

表 1.2　运营专员岗位任职标准

序号	标　　准	级别
1	具有成功运营网站、网上商城的经验	优先
2	具有淘宝商城或皇冠网站独立运营经验	优先
3	具有一年以上淘宝网店工作经验或具有开店经验	基本
4	有较好的审美能力、文字功底	基本
5	具有良好的项目管理能力、沟通能力、创新能力、团队合作精神和较强的责任心	基本

(2) 网站编辑(网络编辑、网络营销文案策划)

该岗位主要负责网络运营部资讯、专题等网站内容和推广文案的撰写工作,定期对网站资讯内容及产品推广内容进行编辑、更新和维护,对网站销售力和传播力负责。

从事这项工作时,要求具有一定的文案写作能力,可以独立进行文章的编写。网站编辑负责操作网站后台,进行网页文章发布、产品描述的日常更新;负责对图片或软件内容进行剪切、整合、处理、格式转换等工作;负责根据有限的产品资料,配合公司的美工给出图文并茂的产品描述;负责配合推广人员等进行专题策划实施,根据提供的主题资料策划出宣传活动的方案;负责结合公司情况撰写公司的企业文化以及管理制度。

该岗位工作还包括撰写产品推广信息和对产品的软文进行宣传,具体包括微博类(如新浪微博、腾讯微博、掌柜说等)、BBS 类(如淘帮派、母婴类亲子论坛等)的软文推广。网站编辑岗位任职要求见表 1.3。

表 1.3　网站编辑岗位任职要求

序号	标　准	级别
1	能够熟练运用 Photoshop 等编辑和制图软件,懂 Dreamweaver 的优先	优先
2	具有较强的逻辑思维分析能力和语言表达、策划能力,具有扎实的文字功底、独立撰写方案的能力	基本
3	具有较强的信息搜索能力,能举一反三地从各种渠道搜索信息	基本
4	工作高效,态度积极,责任心强,工作细心,能承受较强工作压力,具有较好的沟通能力和协调能力、团队合作精神	基本
5	具有较强的时尚敏感度(如对女装、童装等时尚信息捕捉敏锐)	参考
6	在校学生,专业不限,热爱网站编辑工作	参考
7	具备良好的创新能力	参考

(3) 网络推广/网站推广专员

该岗位主要负责网络运营、创意文案、推广文案的撰写及发布,媒介公关和广告投放等工作,负责提升网站有效流量。

从事该岗位时,需要熟悉各种网络推广工具的使用,包括搜索引擎营销推广、网站联盟推广、视频营销推广、论坛社区营销推广等,也包括平台内营销推广,如淘宝营销工具中的直通车、淘宝客、淘宝活动、淘江湖、钻石展位等,负责找到性价比高、有效的推广方式,以提高网站的访问量;负责商城或网店等各类促销活动的策划方案的制订与实施,通过店铺推广,提高店铺流量、产品点击率;进行各种优化工作,包括产品类目排名优化(如关键词、人气宝贝、浏览量等)、标题优化、店铺流量优化、转化率优化、数据研究统计等;负责多种营销工具的优化和整合运用(如竞价排名、搭配套餐、关联营销、秒杀、限时打折、团购等);负责店铺广告图片的主题策划,与美工协同完成广告图片的设计和投放;负责运用其他网络推广工具,如百度、谷歌等,进行推广。网络推广/网站推广专员岗位任职标准见表 1.4。

表 1.4　网络推广/网站推广专员岗位任职标准

序号	标　准	级别
1	熟悉搜索引擎优化技术	优先
2	具有 1 年以上宣传推广工作经验	基本
3	精通网络营销规则,熟悉网络消费者的购物心理	基本
4	熟悉各种网络营销推广工具的运用	基本
5	具有良好的策划推广能力和项目执行能力	基本
6	热爱电子商务工作,努力勤奋,思维活跃,有良好的创新和团队合作精神	基本

企业开展网络营销活动时不仅仅只需要以上岗位,还需要 SEO 专员、网站美工、网站程序员、网站客服等多个岗位。从事每个岗位都应具备相应的工作能力。例如,在开展网络营销活动前需要对市场有深入的调查分析,所以市场策划岗位要求应聘者要有将强的谈判与沟通能力,能够独立策划产品的整体广告营销方案,还要随时监控所负责合作项目的运营情况,提交运营分析报告。

开展电子商务、网络营销业务的企业在工作岗位及人员的最终配备方面,需要根据企业实际情况而定,业务较多的企业往往会一岗多人,业务相对较少的企业往往是一人多岗。

特别是近期市场对于开展网络营销的企业提出了新的要求,企业应追求"小而美",即企业看似规模小,然而经营思路灵活,业务开展顺畅,员工工作到位,企业整体运营状况良好。

5. 网络营销职业素养认知

职业是指个人在社会从事的、作为主要生活来源的工作。职业素养是指职业内在的规范和要求,是在职业过程中表现出来的综合品质,一般包含职业道德、职业技能、职业行为、职业作风和职业意识等方面。

网络营销的职业素养培养是伴随在网络营销这个特定的职业教育环境、特定的网络营销工作岗位及特定的工作管理制度下,逐步形成的一种职业道德素养,依附于娴熟的网络营销职业技能和规范的网络营销职业行为。

(1) 培养诚信的网络商务意识

应培养诚信的网络商务意识,让天下没有难做的生意。诚信务实是每个从事网络营销工作人员的一项最基本的职业素养,包括忠诚于企业,时刻维护企业形象和声誉,不泄露客户信息、不追求任何虚假成绩,奉行"言必行、行必果"的处事原则等。

柳州市某职业学校电子商务专业的学生阿萍在 2010 年拿到毕业证,她经过慎重思考来到上海一家经营育婴产品的厂家,从事网店运营的工作。经过几年工作经验的积累,她开始创办自己的淘宝网店。2012 年 4 月,她在淘宝网上注册会员,3 天后,通过实名认证,正式开了一家网店,从此开始了网上创业。时至今日,她的网店生意越做越大,现经营着两家网上分店,业务遍及全国。在不到一年的时间里她的月营业额平均可达 5 万元,网上顾客评价诚信度已达 4.8 颗星。开网店的人有很多,一个普通的中职生取得这样的业绩都是通过诚信经营来获得的,这为她获得了很多的客户。

有一次王妈妈在出差前给宝宝买了几件衣服,出差回来已经是一个月后,这时打开包裹发现有件衣服尺码不合,有件发错了颜色。时间都过那么久,不抱希望的王妈妈还是给客服留言并说明了情况。本月订单早已结算完毕,客服在看到留言后很为难并向阿萍请示如何处理。阿萍让录单员重新整理并迅速给客户回复致歉,承诺给王妈妈换货。这件事让王妈妈非常感动,自此以后王妈妈成了该店的常客,还经常介绍朋友来光顾。阿萍成了同学中颇有影响力的"学生白领"族。

(2) 培养爱岗敬业的精神

培养爱岗敬业的精神,首先要从乐业、勤业和精业做起。乐业——树立职业理想;勤业——强化职业责任;精业——提高职业技能。其次,作为职业人要随时以客户为尊,树立客户优先思想,想客户之所想,急客户之所急。

日本一家公司负责网上订票的一位工作人员经常给德国某家公司的商务经理购买往返于东京、大阪之间的火车票。不久这位商务经理发现了一件趣事:每次乘车,去的时候他的座位总是靠列车右边的窗口,返回时靠左边窗口。该商务经理问工作人员其中缘故时,工作人员笑答:"在去大阪时,富士山在你右边,在返回东京时,富士山又出现在你的左边。我想,外国人很喜欢日本富士山的景色,所以我替你买了不同位置的车票。"一桩小事使这位商务经理深受感动,促使他把这家公司的贸易额由400万马克提高到了1200万马克。

(3) 树立团结合作的意识

树立团结合作的意识是要求网络营销工作团队中的每个人追求的目标一致,团队气氛和谐;要求每个人能发扬团队主人翁精神,齐心协力争创一流业绩。个人之所以要加入一个团队,为的是通过团队的力量来达到个人的目标,完成自己的事业,实现自我价值。

日本著名跨国公司松下电器的创始人松下幸之助先生曾说过:"我希望我的员工要像企业家那样思考,而不能只像个被雇来干活的人。"这是一种职业和工作态度,工作是为了自己,所以要为自己而把工作做好,如果你内心深处觉得自己是在为别人工作,那么你必然会产生倦怠情绪,必定会缺乏积极性,没有责任感,不懂得感恩,这样的工作态度既不利于企业的发展,又不利于个人的成长。

企业管理者希望通过减少成本(包括人员工资)来获得更多利润,而员工则希望得到更多报酬。公司需要诚实守信、有能力、有责任心的员工,业务才能发展;而员工必须借助公司的发展平台才能获得物质报酬和精神满足。所以,企业管理者在用人时,不仅仅要看中员工个人的能力,更要看重员工个人的品质和工作态度。只有那些既有能力又具备诚实守信的优良品质与工作责任心的人才是企业最需要和重视的人才。

知识拓展

选择题

1. 网络营销的产生与发展主要有(　　)背景。
   A. 计算机网络技术的发展　　　　B. 消费者价值观念的改变
   C. 经济全球一体化的影响　　　　D. 激烈的市场竞争
2. 以下对网络营销概念的理解正确的有(　　)。
   A. 网络营销是企业整体营销战略的一个重要组成部分
   B. 网络营销是建立在互联网基础之上的
   C. 网络营销是利用电子信息手段进行的营销活动
   D. 网络营销就是电子商务
3. 以下属于网络营销特点的有(　　)。
   A. 多媒体性　　　B. 跨时空性　　　C. 整合性　　　D. 技术性
4. 对企业而言,网络营销的优势主要体现在(　　)。
   A. 有利于企业扩大市场范围,提高市场占有率
   B. 有利于企业与顾客的良好沟通
   C. 网络营销可提高消费者购物效率
   D. 网络营销能更好地为消费者提供服务,满足消费者个性化需求

学习任务二
开展市场网络运营活动

任务导学

  网络调研是指利用互联网技术进行调研的一种方法,其大多应用于企业内部管理、商品行销、广告和业务推广等商业活动中。目前,网络调研采用的方法主要有 E-mail 法、Web 站点法、视讯会议法、焦点团体座谈法、网络寻呼机法。网络调研可以通过在聊天室对选择的网民进行调研,在 BBS 电子公告牌上发布调研信息或采取网络实时交谈进行调研等。

  通过对学习活动实施与评价的学习,能够对网络调研概念、特点和步骤等有所掌握,为后面的网络运营与推广打好基础。

学习活动一　调研网络市场状况

案例导读

大学生"双十二"网购调查:超5成大学生网购时最关心商品质量

  继"双十一"网购之后,"双十二"网购也受到人们关注。那么,"双十二"网购中,有多少大学生进行网购？都买了哪些物品？消费了多少钱？网购中最关心的问题是哪些？

中国青年网校园通讯社曾对全国1 051名大学生开展了问卷调查。结果显示，超5成大学生没有参加"双十二"网购，其中超3成原因为"在'双十一'买过了，目前没钱"；"刚好需要""有促销活动，折扣多"是大学生选择"双十二"进行网购的主要原因；衣帽服饰、生活用品、化妆品是网购的主要商品；近4成大学生"双十二"网购花费为100～300元；超9成大学生认为网购应理性消费；超5成大学生在网购时最关心商品质量。

学习活动来源描述

针对目前火爆的"双十一"活动，王东组织销售部人员，要求针对今年的新品校服进行网络市场调研。这次调研工作主要由市场信息主管小佳完成，小佳与团队一起商讨调研的工作和流程，并根据成员特点进行了分工，明确了本次任务的要点和时间点。

学习活动内容

（1）网络市场调研需求分析。
（2）网络市场调研问卷设计。
（3）网络市场调研实施。
（4）调研报告撰写。

学习活动目的

（1）了解网络调研的含义、特点。
（2）了解网络调研与传统调研的区别。
（3）掌握网络调研的方法。
（4）掌握网络调研的步骤。

学习活动准备

计算机、互联网、彩纸、笔。

学习活动实施

步骤1：学生以6～7人一组，做好分工。首先，打开"搜狗"浏览器，打开"问卷星"网站。"问卷星"网站如图2.1所示。

步骤2：学生注册和登录"问卷星"平台系统，可通过QQ直接登录"问卷星"网站，如图2.2以及图2.3所示。

学习任务二　开展市场网络运营活动

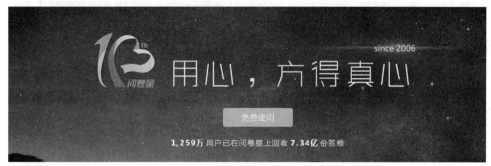

图 2.1　问卷星网站

图 2.2　问卷星网站注册

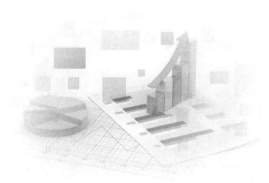

图 2.3　问卷星网站登录

步骤3：学生根据调研目的，设计问卷标题、填写问卷说明等，设置封闭问题与开放问题，如图2.4和图2.5所示。设置结束语时，可以选择默认的结束语。

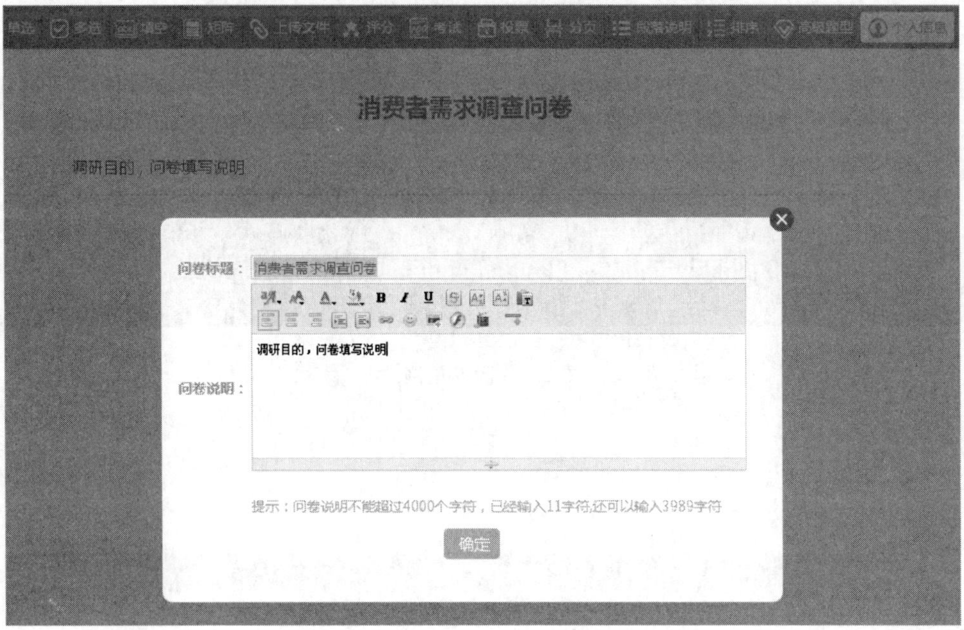

图2.4 "问卷星"内容设计1

图2.5 "问卷星"内容设计2

步骤 4：设计好问卷后，点击预览，查看设计效果。"问卷星"的预览效果如图 2.6 所示。确认问卷无误后，再点击发布。

图 2.6 "问卷星"的预览效果

步骤 5：调研完成后，学生需进行问卷统计与整理，生成数据分析图，如图 2.7 所示。

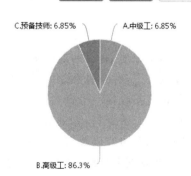

图 2.7 数据分析图

成果形式

调查问卷、调研报告。

学习活动评价

对整个学习活动执行过程进行评价,特别是对实训过程中所取得的成果进行评价。评价主体包括学生本人、学生活动小组,同时,指导教师参与评分。网络调研学习活动的评价表如表2.1所示。

表2.1 网络调研学习活动的评价表

评价项目	问卷问题设计(60%)	问卷发布(20%)	问卷回收(20%)
评价标准	A. 非常合理 B. 合理 C. 不合理	A. 非常准确 B. 比较准确 C. 不准确	A. 回收效果很好 B. 回收效果一般 C. 回收效果不好
自己评分			
小组评分			
教师评分			
总得分			

说明:
1. 表格内按百分制打分。
2. 各标准对应的分数范围:A 为 80~100 分;B 为 60~79 分;C 为 60 分以下。

知识链接

1. 网络市场调研概述

网络市场调研是网络营销前期工作中的重要环节之一。通过调研发可以获得竞争对手的资料,分析目标市场和营销环境,为经营者细分市场、识别受众需求和确定营销目标等提供相对准确的决策依据。

(1)网络市场调研的概念

市场调研是指以科学的方法,系统地、有目的地收集、整理、分析和研究所有与市场相关的信息,从而把握市场现状和发展动态,有针对性地制订营销策略,以取得良好的营销效益。

市场调研有两种方式:一种是直接收集一手资料,如利用问卷调查、专家访谈、电话调查等方法收集资料;另一种是间接收集二手资料,如通过报纸、杂志、电台、调查报告等收集资料。市场调研的内容包括对消费者、竞争者以及整个市场情况的及时报告和准确分析。

网络市场调研是指企业利用互联网系统地、有目的地对消费者、生产者、经营者及整个市场信息进行收集、整理、分析和研究的过程。网络市场调研通过各种网络市场调研的方式方法,系统地收集大量有关市场营销的数据和资料,客观地预测及评定现有市场和潜在市场,以解决市场营销的有关问题,为企业开展营销活动提供依据。

网络市场调研有以下两种方式:①网上直接调查。网上直接调查也称在线调查,是利用互联网直接进行问卷调查等方式来收集资料的。中国互联网络信息中心(CNNIC)每年发布的《中国互联网络发展状况统计报告》中大部分信息都是通过在线调查获得的,调查内容涉及用户的上网习惯、个人资料、对互联网领域一些热点问题的看法等。通过对这些调查数据进行整理,CNNIC形成了内容丰富的调查报告。CNNIC的在线调查已成为最有影响力的网络市场调研之一,由此也可以看出网上直接调查的重要价值。②网上间接调查。网上间接调查是指利用互联网的媒体功能,通过互联网收集二手资料。

(2) 网络市场调研与传统市场调研的比较

互联网上的许多营销方式与传统做法是极为相似的,但互联网自身的特点使网络市场调研有别于传统市场调研。

首先,互联网是不受时空、地域限制的,这就与受区域制约的传统市场调研方式有很大不同。例如,某家用电器企业利用传统方式在全国范围内进行市场调研,需要各个区域代理的配合,而澳大利亚一家市场调查公司,在2007年8—9月份对中国等7个国家的互联网用户进行了在线洛广告站点联合进行的,这样的调研活动如果利用传统方式进行,则难度是无法想象的。

其次,互联网的交互性使网络市场调研的时间周期大大缩短。传统方式的市场调研活动要耗费大量的人力,时间周期也比较长。传统市场调研时,很多关于洗涤用品、食品的调研都采用入户调查的方式,采用这种调查方式进行调查时,既要担心会被人拒绝,又要考虑不要与被调查者的工作时间发生冲突。而网络市场调研就避免了这种尴尬,因为填写调查问卷的人是主动参与的,如果对调研题目没有兴趣,他是不会花费时间在线填写调查问卷的。网络市场调研作为一种新型的调查方式已经受到中国网民的普遍认同,例如,北京"零点"调查公司与"搜狐"公司合作进行了多次颇有效的网络市场调研。利用传统的市场调研方式寻找潜在竞争对手是十分困难的,但是如果使用互联网,这种寻找的时间必然会大大缩短。网络市场调研与传统市场调研的区别见表2.2。

表2.2 网络市场调研与传统市场调研的区别

项目比较	网络市场调研	传统市场调研
调研费用	较低,主要包括设计费用与数据处理费用,调查问卷所支付的费用几乎为零	昂贵,包括问卷设计、印刷、发放、回收、人员培训、调查结果整理与分析等过程的费用
调研范围	全国乃至全球,样本数量庞大	受成本限制,且调查地区和样本数量有限
调研速度	很快,只需要建平台,数据库可自动生成	慢,至少需2~6个月才能得出结论
调研时效性	全天候进行	不同访问者对受访问者进行访问的时间不同
受访者便利性	非常便利,受访者可自由决定时间、地点回答问卷	不太方便,一般要跨越空间障碍到达访问地点
适用性	适合长期大样本调查和需要迅速得出结论的情况	适合面对面深度访谈,例如,食品类需要对受访者进行感官测试

2. 网络市场调研的特点

通过以上与传统市场调研的比较,可以更加清晰地概括出网络市场调研的特点。

(1) 及时性和共享性

网络上的信息以接近光速传输,而且能及时地传送给在线的网络用户。网络市场调研是开放的,任何网民都可参加投票和查看结果,保证了网络信息的及时性和共享性。从网上收集的信息经过计算机处理后,可以在很短的时间内得出调研的结果,营销策划人员能及时地根据调研结果制订相应的营销方案,例如,中国互联网络信息中心在进行我国互联网络发展状况调查时,从设计问卷到实施网上调查和发布分析结果,前后只用了 1 个月的时间,而传统的人口抽样调查统计分析需要 3 个月。

(2) 便捷性和低成本

在网络上开展调研,只需在企业的站点上发出电子调查问卷,提供相关的信息,然后利用计算机对反馈回来的信息进行整理和分析即可。整个调查过程不受时间和地点的限制,无人值守,无纸化操作,这降低了调研所需的人力和财力。

(3) 交互性和充分性

交互性在网络市场调研中体现在两个方面:一是在进行网络市场调研时,受访者可及时就问卷相关的问题提出看法和建议,可减少问卷设计不合理而导致的调研结论出现偏差等问题;二是受访者可自由地在网上发表看法,不受时间和空间的限制。

(4) 结果的可靠性和客观性

在网络市场调研中,被调查者通常是主动参与的。因为访问企业站点的网民一般都对企业或其产品有一定的兴趣,而且是自愿地填写调查表,没有人为的诱导或其他干扰,因此问卷填写的真实性较高。这种基于消费者和潜在消费者的市场调研结果是客观和真实的,在很大程度上反映了消费者的消费心态和市场发展的趋势。

(5) 无时间和地域的限制

由于互联网的时空特性,网络市场调研可以全天 24 小时进行,而且不受地域的限制,可以进行跨国界的调研。

(6) 可检验性和可控性

在互联网上收集信息,可以对采集信息的质量进行监控。一是可以在调查问卷中附加全面规范的指标解释,有利于消除因被调查者对指标理解不清或调查员对指标解释不一而造成的调查偏差;二是可以监控被调查者是否正确填写问卷,当问卷填写有误或未填完全时,可以给出提示;三是可以对被调查者进行身份检验,以防止在信息采集过程中出现舞弊行为。网络市场调研有许多优势,但也有不足之处,如调研的对象仅限于网民,而不用互联网的群体被排除在网络市场调研之外。

3. 网络市场调研的步骤

(1) 明确调研目的与确定调研目标

明确调研目的是把握正确的调研方向的有力保障。在进行网络市场调研前,首先要明确调研的问题,希望通过调研得到什么样的结果,如客户的消费心理、购物习惯、对竞争者的印象、对产品的评价等。一般企业进行网络市场调研的目的不外乎以下几个方面:为开发新产品而有针对性地对市场前景或用户群体进行访问;了解市场竞争者(包括潜在竞争者)的相关情况;通过顾客的"声音"来发现市场机会或改善目前经营效果、降低经营风险等。

(2) 选择合适的搜索引擎

不同的搜索引擎有各自的特点和相对优势,具体选择哪一个搜索引擎,应根据企业市场调研对象和内容而定。

(3) 确定调研的对象

网络市场调研的对象可分为三类。

① 企业产品的消费者

企业产品的消费者可以通过网上购物的方式来访问企业站点。企业市场营销调研人员可通过互联网跟踪消费者,了解他们对企业产品的意见和建议。这种目标对象识别技术被用来在网上跟踪调查企业网站访问者,帮助网络调研人员及时准确地掌握企业网站访问者的人数,进而分析企业网站访问者的分布范围和潜在市场的区域,以此确定相应的网络营销策略和办法。

② 企业的竞争者

行业的竞争主要是与行业内现有企业的竞争、新加入者的竞争、代替产品企业的竞争,这种竞争对企业的市场营销策略有很大的影响。因此,市场调研人员可以进入竞争者的站点,查询竞争者面向公众的所有信息,如竞争者的历史、企业结构、产品系列、年度评价报告、营销措施等。调研人员通过对竞争者有关动态信息的分析,可以准确地把握行业竞争趋势,做到知己知彼,使企业能及时调整营销策略,以确保企业在网络商战中立于不败之地。

③ 企业合作者和行业内的中立者

企业合作者和中立者能站在第三方的立场上,提供一些极有价值的信息和比较客观的评估分析报告。

需要注意的是,给企业合作者和中立者提出的问题不要纯商业化,应尽可能与公众的兴趣和口味相吻合,以吸引更多的人参加讨论,这样可以从中得到许多意想不到的信息和有价值的建议。

④ 制订调研方案

制订调研方案具体来说就是要确定资料来源、调研方法、调研手段、抽样方案和被调查联系的方式。制订调研方案包括以下几个方面。

a. 确定资料来源,即确定是收集第一手资料,还是第二手资料,或是两者都要。

b. 确定调研方法,即根据确定的资料来源,确定具体的调研方法。若收集第一手资料,可以采用问卷方式或电子邮件方式等,问卷可以通过软件自动产生、发布,电子邮件可以通过邮件列表自动发送,而调研结果自动汇总;若收集第二手资料,可以用搜索引擎、网上数据库等方式。具体的调研方法有专题讨论法、问卷调查法和实验法。

c. 确定调研手段。可以通过在线问卷、交互式电脑辅助电话访谈系统和网络调研系统三种方式来进行调研。

在线问卷的特点是制作简单、分发迅速、回收方便,但要注意问卷的设计水平。

交互式电脑辅助电话访谈系统利用一种软件程序在电脑辅助电话访谈系统上设计问卷结构,并在网上传输。互联网服务器直接与数据库连接,对收集到的被访者答案直接进行储存。

网络调研软件系统是专门为网络市场调研设计的问卷链接及传输软件。它包括整体问卷设计、网络服务器、数据库和数据传输程序。

d. 确定抽样方案,即要确定抽样单位、样本规模和抽样程序。

e. 确定和被调查者联系的方式,如通过 E-mail 传输问卷、通过参加网上论坛和被调查者沟通等。

⑤ 信息的收集与整理

互联网没有时空和地域的限制,因此网络市场调研可以在全国甚至全球进行。同时,收集信息的方法很简单,直接在网上递交或下载即可,这与传统市场调研的收集资料方式有很大的区别。例如,某公司要了解各国消费者对某一国际品牌的看法,只需在一些著名的全球性广告站点发布广告,并把链接指向公司的调查问卷就可以了,而无须像传统的市场调研那样,在各国寻找不同的代理分别实施调研。

对从互联网上获得的市场调研信息,有关人员应根据调研的目的和用途进行认真的筛选、分类、整理,并运用定量、定性的方法进行分析研究,以掌握市场动态,探索解决问题的措施和方法。

⑥ 撰写网络调研报告

营销人员对所调研的信息进行科学的加工处理后,需写出一份图文并茂的、规范的市场调研报告,以直观地反应出市场的动态。调研报告不是数据和资料的堆砌,而是市场调研成果的最终体现,是在对所获资料进行分析的基础上,对所调研的问题做出总结,并提出具有建设性的意见,供有关决策者参考。

调研报告一般分为专门性报告和一般性报告:专门性报告是专供市场研究人员和市场营销人员使用的、内容详尽具体的报告;一般性报告是供职能部门管理人员、企业领导使用的、内容简明扼要而重点突出的报告。

网络市场调研报告的基本结构是由标题和正文两部分组成。

a. 标题。标题可以有两种写法:一种是规范化的标题格式,即"发文主题"加"文种",基本格式为"××关于××××调查报告""关于××××的调查报告""××××调查"等;另一种是自由式标题,包括陈述式、提问式和正副题结合式三种标题。陈述式标题如"浙江大学硕士毕业生就业情况调查";提问式标题如"为什么大学毕业生择业时倾向去沿海和京津地区";正副题结合式标题中的正题陈述调查报告的主要结论或提出中心问题,副题标明调研的对象、范围、问题,这实际上类似于"发文主题"加"文种"的规范格式,如"高校发展重在学科建设——××大学学科建设实践思考"等。

b. 正文。正文一般分前言、主题、结尾三部分。

前言有几种写法:第一种是写明调研的起因或目的、时间和地点、对象和范围、经过和方法,以及人员组成等,然后从中引出中心问题或基本结论;第二种是写明调研对象的历史背景、大致发展经过、现实状况、主要成绩、突出问题等基本情况,进而提出中心问题或主要观点;第三种是开门见山,直接概括调研的结果,如肯定做法、指出问题、提示影响、说明中心内容等。前言起到画龙点睛的作用,要精练概括,直切主题。

主体是调研报告最主要的部分,这部分详述调研的基本情况、做法,以及分析调研所得材料中得出的各种具体认识、观点和基本结论。

结尾的写法比较多,可以提出解决问题的方法、对策或下一步改进工作的建议;或总结全文的主要观点,进一步深化主题;或提出问题,引发人们的进一步思考;或展望前景,发出鼓舞和号召。

4. 网络市场调研的方法

（1）网上直接调查

网上直接调查是指调查主体利用互联网直接进行问卷调查,收集第一手资料的方法,包括网上观察法、专题讨论法、问卷调查法、网上实验法、电子邮件调查法、网上讨论法等。实际应用中,常结合采用问卷调查法和电子邮件调查法进行网络市场调研。

① 问卷调查法

问卷调查法中的问卷设计是根据调研目的将所需调研的问题具体化,使调研人员能顺利地获取必要的信息资料,并便于统计分析。通常问卷的设计可以分为以下步骤：

- 根据调研目的,确定所需要的信息资料。在问卷设计之前,调研人员必须明确需要了解哪些方面的信息,这些信息中的哪些部分是必须通过问卷调研才能得到的,这样才能较好地说明所需要调研的问题,实现调研目标。在这一步中,调研人员应该列出所要调研的项目清单。根据项目清单,问卷设计人员就可以开始设计问卷了。
- 确定问题的内容,即问题的设计和选择。问卷设计人员应根据信息资料的性质,确定提问方式、问题类型和答案选项如何分类等。对一个较复杂信息,可以设计一组问题进行调研。问卷初步设计完成后应对每一个问题都加以核对,以确保问卷中的每一个问题都是必要的。
- 决定措辞。措辞的好坏将直接或间接地影响到调研的结果。因此对问题的用词必须十分谨慎,力求问题内容通俗、准确、客观。所提的问题应对被调查者进行提前测试之后,才能广泛地运用。
- 确定问题的顺序。在设计好各项单独问题以后,应按照问题的类型、难易程度安排询问的顺序。如果可能,引导性的问题应该是能引起被调查者兴趣的问题,回答有困难的问题或私人问题应放在调研访问的最后,以避免被调查者处于守势地位。问题的排列要符合逻辑的次序,使被调查者在回答问题时有循序渐进的感觉,同时能引起被调查者回答问题的兴趣。有关被调查者的个人情况等问题适合放在最后,因为如果涉及个人的问题,容易引起被调查者的警惕、抵制情绪,尤其在电话问卷调查中。
- 测试与检查问卷。在问卷用于实施调研之前,应先选一些符合抽样标准的被调查者来进行试调研,在实际环境中对每一个问题进行讨论,以求发现设计上的缺失,如问卷是否包含了整个调研主题,是否容易造成误解,是否语意不清楚,是否抓住了重点等。试调研发现不妥之处后,应对问卷加以合理的修正。
- 审批、定稿。问卷经过修改后还要呈交调研部的部长,经他审批通过后才可以定稿,正式实施调研。

一份完整的调研问卷通常由标题、问卷说明、填表指导、调研主题内容、编码和被调查者基本情况等内容构成。

问卷标题。问卷的标题概括地说明了调研主题,使被调查者对所要回答的问题有一个大致的了解。问卷标题要简明扼要,但又必须点明调研对象或调研主题。

问卷说明。在问卷的卷首一般有一个简要的说明,主要说明调研意义、内容等,以消除被调查者的紧张和顾虑。问卷的说明要求言简意赅,文笔亲切又不太随意。

　　问卷主体。问卷主体是调研涉及的问题,是调研问卷的主要部分。这部分内容的好坏直接关系到整个调研价值的高低。

　　结束语和致谢。在问卷结束的地方,通常会有一段结束语,或表示对被调查者感谢,或对问卷的后续情况做一个简单交代。

　　调查问卷设计的时候,有以下几点注意事项:

- 先易后难、先简后繁、被调查者熟悉的问题放在前。问卷的前几个问题的设置必须谨慎,措辞要亲切、真诚,最前面的几个问题要比较容易回答,不要使对方难于启齿,给接下来的调研造成困难。
- 提出的问题要具体,避免提一般性的问题。一般性的问题对实际调研工作并无指导意义。例如,"你认为食堂的饭菜供应怎么样?"这样的问题就很不具体,很难达到了解被调查者对食堂的饭菜供应状况的总体印象的预期调研效果,应把这一类问题细化为具体询问关于产品的价格、外观、卫生、服务质量等方面的印象。
- 一个问题只能有一个问题点。一个问题若有若干问题点,不仅会使被调查者难以作答,其结果的统计也会很不方便。
- 在问卷中要特别注意"和""与""、"等连接性词语及符号的使用。例如,"你为何不在学校食堂吃饭而选择在校外吃饭"这个问题包含了"你为何不在学校饭堂吃饭""你为何选择在校外吃饭"和"什么原因使你在校外吃饭"。防止出现这类问题的最好方法就是通过分离语句,使得一个语句只问一个要点。
- 要避免带有倾向性或暗示性的问题。例如,"你是否和大多数人一样认为某食堂的菜口味最好?"这一问题就带有明显的暗示性和引导性。"大多数人认为"这种暗示结论的提问带来两种后果:一是被调查者会不假思索地同意引导问题中暗示的结论;二是使被调查者产生反感,或是拒答,或给予相反的答案。所以,在问句中要避免使用类似的语句,如"普遍认为""权威机构或人士认为"等。此外,在引导性提问下,被调查者对于一些敏感性问题,可能不敢表达其他想法等。因此,这种提问是调研的大忌。
- 先一般问题,后敏感性问题;先泛指问题,后特定问题;先封闭式问题,后开放式问题。
- 要考虑问题的相关性。同样性质的问题应集中在一起,以利于被调查者统一思考,否则容易引起思考的混乱。同时,要注意问题之间内在的逻辑性和分析性。
- 提问中使用的概念要明确,要避免使用有多种解释而没有明确界定的概念。问卷中不得有蓄意难倒被调查者的问题。
- 避免提出断定性的问题。例如,"你一天用在自习上面的时间有多少"这个问题的潜在意思就是"你一定自习",而对于不是每天都自习的人来说,这个问题就难以回答。因此在这一个问题之前可加一个判断性问题,如"你有每天自习的习惯吗?",如果被调查者回答"是",可继续提问。

　　运用问卷调查法时有很多网络调研平台可以用来辅助调研。"问卷星"是一个常用的网络调研平台。"问卷星"的使用流程包括以下几个步骤:

- 在线设计问卷。问卷星提供了所见即所得的设计问卷界面,支持多种题型以及信息栏和分页栏等。
- 给选项设置分数(可用于量表题或者测试问卷)。可以设置跳转逻辑,同时还提供了数十种专业问卷模板供人们选择。
- 发布问卷并设置属性。问卷设计好后可以直接发布并设置相关属性,如问卷分类、说明、公开级别、访问密码等。
- 发送问卷。通过发送邀请邮件,或者用 Flash 等方式嵌入到公司网站或者通过 QQ、微博、邮件等方式将问卷链接发送给好友填写。
- 查看调查结果。在"问卷星"中,可以通过柱状图和饼形图查看统计表,还可以卡片式查看答卷详情,分析答卷来源的时间段、地区和网站。
- 创建自定义报表。自定义报表中可以设置一系列筛选条件,不仅可以根据答案来做交叉分析和分类统计,还可以根据填写问卷所用时间、来源地区和网站等筛选出符合条件的答卷集合。
- 下载调查数据。调查完成后,可以下载统计图表到 Word 文件中保存、打印,或者下载原始数据到 Excel 中,再导入调查分析软件做进一步的分析。

除"问卷星"之外,"调查派"也是一个重要的网络调查平台。

② 电子邮件调查法

企业可以直接向用户发送电子邮件,征询用户对企业产品、服务、形象等方面的看法,让用户向企业反馈。

③ 网上讨论法

网上讨论可通过多种途径来实现,如 BBS、QQ、ICQ、网络实时交谈(IRC)、网络会议(Net Meeting)等。采用网上讨论法可在相应的讨论组中发布调研项目,请被调查者参与讨论,或将分散在不同地域的被调查者通过网络视频会议模拟地组织起来,在主持人的引导下进行讨论。

网上讨论法属于定性市场调研法,是传统的小组讨论在互联网上的应用。

(2) 网上间接调查

网上间接调查就是对第二手资料的收集过程。网上间接调查主要是利用互联网收集与企业营销相关的市场、竞争者、消费者和宏观环境等信息。企业用得最多的还是网上间接调查法,因为它的信息广泛且能满足企业管理决策的需要,而网上直接调查法一般只适合于针对特定问题进行专项调查。网上间接调查的渠道主要有万维、新闻组、BBS、E-mail,其中万维是主要的信息来源。据统计,目前全球有 8 亿个 Web 网页,每个 Web 网页涵盖的信息包罗万象。网上间接调查通常可采用以下方法。

① 利用搜索引擎

搜索引擎使用自动索引软件来发现、收集并标引网页,建立数据库,以 Web 形式提供给用户一个检索页面,供用户以关键词、词组或短语等检索项查询与所提问题匹配的记录,是互联网上最广泛的应用之一。

② 访问相关的网站收集资料

如果知道某一专题的信息主要集中在哪些网站,可直接访问这些网站,获得所需的资料。企业可根据自己行业的特点,直接访问互联网上相关的专业性网站,以获得有用的信息。通过分析这些信息,营销人员可以准确地把握企业的优势和劣势,并及时调整营销策略。

以下是常用的几个相关的网站。

a. 环球资源。环球资源的前身叫亚洲资源,2000年4月在美国纳斯达克上市,1971年在中国香港以创办专业贸易杂志起步,1995年创立亚洲资源网站,至2000年8月10日,已拥有超过89 842位供应商和83 300种产品的详细资料,整个贸易社团的买家有20.3万个,其中包括100家世界顶级买家。

环球资源是B2B服务提供商,为买卖双方提供增值服务,它提供的服务和产品是基于买家的需求而设立的。其强大的搜索引擎分为三大类,即产品搜索、供应商搜索和全球搜索。

b. 阿里巴巴。阿里巴巴是中国互联网商业先驱,它是在1999年3月创立的,是全球著名的B2B系列网站,其国际站、中国站、全球华商站和韩国站,联结着全球186个国家的45万个商业用户,可为中小企业提供海量的商业机会和产品信息,建立起了国际营销网络。

阿里巴巴网站提供的商业市场信息检索服务分为三个方面,即商业机会、公司库和样品库。注册会员还可通过选择订阅"商情特快"获得各类免费信息。

c. 专业调查网站,如博大调查引擎、中国商务在线的"市场调查与分析"网站等。

③ 利用网上数据库

在互联网上有许多网上数据库,这些数据库有付费的和免费的两种。在国外,市场调研用的数据库一般都是付费的。我国的数据库业已有较大的发展,出现了几个Web版的数据库,但它们都是文献信息型的数据库,如中国专利信息网、国家科技图书文献中心等。

以下是目前国际上影响较大的几个主要商情数据库检索系统。

a. DIALOG系统。DIALOG系统是目前国际上最大的国际联机情报检索系统之一,原来属于洛克希德公司,设在美国加利福尼亚州,1988年被Knight Ridder公司收购,在经济与商业方面的数据库文档有149个。

b. ORBIT系统。ORBIT系统是1963年由美国系统发展公司(SDC)与美国国防部共同开发的联机检索系统,1986年被MCC集团兼并。ORBIT系统提供科学、技术、专利、能源、市场、公司、财务方面的服务,1987年时共有70个数据库,其中21个是与商情有关的。

c. ESA-IRS系统。ESA-IRS系统隶属于欧洲空间组织情报检索服务中心,主要向欧洲太空局(ESA)各成员国提供信息。到1986年,该系统已有文档80个,其中有28个文档与DIALOG系统的35个文档相同。

d. STN系统。STN系统由德国、日本、美国于1983年10月联合建立,1984年开始提供联机服务,由远程通信网络连接着三国的计算机设备。至1992年年底,该系统共有72个数据库,其中涉及商业与经济信息的数据库有13个。

e. FIZ Technik系统。FIN Technik系统属德国FIZ Technik专业情报中心,总部设在法兰克福,专业从事工程技术、管理等方面的情报服务工作。在其使用的60个数据库中,商业与经济信息的数据库有21个。

f. DATA-STAR系统。DATA-STAR系统属瑞士无线电有限公司,1992年共有数据库250多个,其中商业与经济信息的数据库近150个。该系统可提供商业新闻、金融信息、市场研究、贸易统计、商业分析等方面信息。

g. DJN/RS系统。DJN/RS系统即道·琼斯新闻/检索服务系统,是美国应用最广泛的大众信息服务系统之一,由道·琼斯公司开发,于1974年开始提供联机服务。DJN/RS系统提供的信息服务范围十分广泛,侧重于商业和金融财经信息。

④ 利用网上论坛、新闻组

网上论坛、新闻组是企业应当关注的地方。在网上论坛和新闻组中,人们会对企业产品、服务等各方面发表评论,表达自己的观点。企业通过认真的分析,从中可以了解网民的想法、需求,从中获取相应的信息,从而改善自己的产品、服务和形象。不少企业在自己的网站上开设网上论坛,给网民一个表达自己意愿的空间。

5. 网络市场调研策略

网络市场调研的目的是收集网上的顾客和潜在顾客的信息。为使更多的顾客访问企业站点并乐于接受企业的调研询问,善意而又真实地发回反馈信息,市场调研人员必须研究调研策略,以充分发挥网络市场调研的优越性,提高网络市场调研的质量。

网络市场调研的策略主要包括如何识别企业站点的访问者,以及如何有效地在企业站点上进行市场调研。

(1) 识别企业站点的访问者并激励其访问企业站点。

识别企业站点的访问者就是了解谁是企业站点的访问者及被调查者。网络市场调研无法确定调研对象样本,即使是对于在网上购买企业产品的消费者,确知其身份、职业、性别、年龄等也是一个很复杂的问题。因此,网络市场调研的关键之一是如何鉴别并吸引更多的访问者,使他们有兴趣在企业站点上进行双向的网上交流。企业如果掌握了这些信息,就能找到目标市场的客户群,有针对性地开展营销活动。

① 通过电子邮件或来客登记簿询问访问者,获得市场信息。

互联网能在厂商和客户之间搭起一座友谊的桥梁,起关键作用的是电子邮件与来客登记簿。电子邮件可以附有HTML表单,访问者可在HTML表单页面上点击相关主题,并且填写相关信息,然后发给企业。来客登记簿是指访问者填写并发回给企业的表单。

通过电子邮件和来客登记簿,不仅所有访问者均可以了解企业的情况,而且市场营销调研人员也可获得相关的市场信息。例如,在知道访问者的邮编后,就可以确定访问者所在的国家、地区、省市等信息;对访问者回复的信息进行分类统计,就可以进一步对市场进行细分,而市场细分是企业制订营销策略的重要依据之一。

② 要求访问者注册个人信息后才能进入主页。

如果企业向访问者提供大量有价值的信息和向访问者承诺免费使用软件,一般会要求访问者先进行注册,即鼓励访问者进入本网站并在下载免费软件时按要求填写个人信息。若是通过网上坛论、新闻组的方式进行的调查,可以让参与者先注册再进入相应栏目。通过上述方式,调研人员可以逐步与访问者在网上建立友谊,达到网络市场调研的目的。

③ 为受访者提供奖品或免费商品,以激发其参与调研的积极性。

一般的网络受访者可能担心个人站点被侵犯而发回不准确的信息,为此企业可根据实际情况,给受访者一定的奖品或购买商品时给予受访者一定的优惠,这样企业就可获得比较真实的受访问的姓名、住址和电子邮件地址。同时,若受访者按要求回复调查问卷,企业应对其进行公告,受访者会在个人计算机上收到证实企业收到问卷的公告牌,被公告的受访者在一定期间内还可进行抽奖。由于设置了抽奖,许多受访者都会完成由这些站点提供的调查问卷。

④ 根据调研对象科学地设计调查问卷。

应根据调研对象设计调查方式,若调研对象为产品的使用者,问卷内容应以产品质量、使用状况、感受、售后服务等为主;若调研对象为产品的购买者,则应以价格、性能、外观、对产品的了解程度等为主。这要求调研时将调研市场对象进行角色细分,充分了解市场的需求,使调查问卷的问题更有针对性、准确性。

一个成功的调查问卷应具备两个功能:一是能将所调查的问题明确地传达给受访者;二是能设法取得对方的合作,使受访者能给予真实、准确的回复,但在实际的调研中,受访者的情况和调研人员的专业知识和技术水平都会影响调研的结果。另外,调查问卷的设计应遵循一定的原则:一是目的性原则,即询问的问题与调研主体密切相关,重点突出。二是可接受性原则,即受访者回复哪一项,是否回复有自己的自由,故问卷设计要容易让被调查者接受。无论是在西方国家还是在东方国家,对涉及有关个人问题(如个人收入情况等家庭生活中比较敏感的问题)时,受访者一般不愿意回复或拒绝回复。因此,关于隐私的问题不应出现在调查问卷中,以免引起受访者的反感。三是简明性原则,即询问内容要简明扼要,使受访者易读、易懂,而且回复内容也简短。因此,调查问卷的设计应多选择二项选择法、顺位法、对比法等,而调查问卷中关于问题答案的选项应给受访者提供相应的信息,以方便受访者回答。在设计调查问卷时,调研人员应在每个问题后设置两个按钮(是和不是),让受访者直观地表达他们的观点。这两个按钮是典型的 Mailto(即电子邮件协议),它要求受访者将他们的电子邮件地址传送到企业的电子邮箱中。四是匹配性原则,即要使受访者回复的问题便于检查、数据处理、统计和分析,以提高网络市场调研工作的效率。

注意:在调查问卷中不要提及使顾客和潜在顾客顾虑的问题,如个人收入等。

(2) 利用企业站点进行市场调研。

① 站点在线调研

站点在线调研是将调查表或调查问卷放置在企业的网络站点上,由访问者自愿填写。

网站本身就是宣传媒体,如果企业网站已经拥有固定的访问者,完全可以利用自己的网站开展网络市场调研。

在企业网站上开展调研,方法灵活,既可以采用问卷的形式,又可以让受访者直接向企业的电子邮箱发送电子邮件,调查的时间可长可短,调研的内容则可以根据情况随时调整,而且收集的数据直接进入企业的数据库,这可方便调研人员分析调研的数据。

通过监控产品数据库及访问日志,能分析出哪种产品销量最多,产品在一天内的哪个时间段销售情况最好,以及哪种产品在哪个地区销售数量最多,这些销售评测结果可供企业相关人员参考。

在企业网站上还能测试不同的调研内容的组合,如产品的价格、名称和广告等比较敏感的因素,通过不同因素的组合测试,能分析出哪些因素对产品的销售是最重要的,哪些因素的组合对顾客是最具吸引力的。

② 企业站点调研应注意的问题

网络市场调研人员在企业站点上进行调研时应注意以下问题:

a. 调整调查问卷内容组合以吸引访问者。与传统的市场调查问卷相比,网络市场调研调查问卷的最大优势是可以极方便地随时调整、修改调查问卷上的内容,可以实现不同调研内容的组合,如产品的性能、款式、价格,以及网络订购的程序、付款的方式、配送产品的方法等。先找出哪些因素对访问者来说是其最关心的和最敏感的,然后调整调查问卷的内容,使调研主页对访问者更具吸引力。

b. 监控在线服务。所有企业站点的访问者都能利用互联网上的一些软件程序来跟踪在线服务,因此,企业营销调研人员可通过监控在线服务了解访问者主要浏览哪类企业、哪类产品的主页,挑选和购买何种产品等基本情况,进而经过统计分析,对顾客的地域分布、产品偏好、购买时间,以及行业内产品竞争态势做出初步的判断和估计。

c. 有针对性地跟踪目标顾客。市场调研人员在互联网上或通过其他途径获得了顾客或潜在顾客的电子邮箱网址,则可直接使用电子邮件向他们发出有关产品和服务的询问,请求他们反馈服务,也可以在电子调查表中设置让顾客发表意见和建议的模块,请他们发表对企业、产品、服务等方面的见解和期望。通过这些信息,调研人员可以把握产品的市场潮流,以及顾客的消费心理、消费偏好、消费倾向的变化,根据这些变化来调整企业的产品结构和市场营销策略。

d. 将传统市场调研法和利用电子邮件调研的方法结合应用。企业市场调研人员可以在各种传播媒体上调研,例如,在报纸、电视或有关杂志上刊登相关的调查问卷,并公告企业的电子邮箱地址,让消费者通过电子邮件回答所要调研的问题,以此收集市场信息。采用这种方法,调研的范围比较广,同时可以减少企业网络市场调研中相应的人力和物力的消耗。

e. 通过产品的网上竞卖掌握市场信息。对于企业推出的新产品,可以通过网上竞卖,了解顾客的倾向和心理,掌握市场趋势,从而制订相应的市场营销策略。例如,1999年7月1日,我国长城集团与网易公司联手,在网易上,推出金长城MTV-3800奔腾三代家用电脑新品,面向全国进行为期10天的网上竞卖活动,这是国内首次计算机厂商在网上进行新产品的发布和竞卖。

(3)利用第三方网站开展网络市场调研。

如果企业自己的网站还没有建好,可以利用别人的网站进行调研,企业可以选择专门从事网上调查的专业网站,也可以选择访问最大的媒体网站,如人民网、搜狐网、新浪网等。企业在拟定调研提纲后,要与网络媒体提供商进行洽谈,如调研的起止时间、调研内容的展示位置、收费标准、数据处理要求等。在签订合同后,企业可在第三方网站上发布调研的内容,按时接收反馈的信息。

选择题

1. 网络市场调研的目的是( )。

A. 收集网上顾客和潜在顾客的信息

B. 利用网络加强与消费者的沟通与理解

C. 改善营销并更好地服务顾客

D. 利用网络促进销售

2. 网络调查问卷设计需经历的阶段是(　　)。
   A. 准备阶段　　　　B. 设计阶段　　　　C. 定稿阶段　　　　D. 修改阶段
3. 网络调查问卷问题的类型有(　　)。
   A. 事实性问题　　　B. 行为性问题　　　C. 态度性问题　　　D. 动机性问题

学习活动二　分析用户需求

案例导读

消费者对饮料的购买需求分析

从2013年饮料行业的产品结构变化趋势上看,饮料的品种结构不断优化,健康型饮料的份额不断上升,碳酸饮料份额呈下降趋势。从各类饮料占比可见,饮用水、果汁、碳酸饮料的市场份额均超过了20%,构成了饮料行业中的主要产品;茶饮料、凉茶、功能饮料、饮用水所占份额较2012年有所提高。

从2012年年底,各饮料企业便开始推新品,以抢占夏季市场,康师傅推出了"蜂蜜柚子""冰糖山楂"和"竹蔗马蹄"等新品;从2013年2月份开始,可口可乐陆续推出"美汁源"系列的"果粒芒果""雪梨芦荟""营养原味果粒奶优"等,并推出了怡泉苏打水。可口可乐大中华区负责人表示,旗下的产品思路是"多元化"和"差异化"。

随着炎热夏季的到来,饮料市场悄然兴起了一股新风尚,"白富美""小萝莉""积极分子""月光族""粉丝""高富帅""表情帝""闺蜜""喵星人""天然呆"等名字的饮料相继出现。汇源果汁带着其新品"冰糖葫芦汁"高调亮相2013成都糖酒会;娃哈哈推出功能饮料"启力"成为其新的利润增长点。当然,凉茶也是为广大消费者所热爱的饮料,自2003年非典时期,红罐凉茶开始流行,其受欢迎程度让人惊叹。凉茶既有饮料的解渴功能,也有健康属性,符合消费者的追求。

学习活动来源描述

某品牌服饰店主要销售对象是中学生,该企业打算开拓网络市场,但对中学生网络消费者购买动机不了解,计划对中学生群体做一个简单的调研,为企业制订营销方案提供适当依据。

学习任务二　开展市场网络运营活动

学习活动内容

(1) 从电子商务网站找到能激发自身购买欲望的服饰。
(2) 分析总结购买动机的类型。
(3) 分析影响购买动机的因素。
(4) 完成一份给某品牌服饰店的建议书。

学习活动目的

(1) 了解购买动机类型。
(2) 了解影响购买动机的因素。

成果形式

一份给某品牌服饰店的建议书。

学习活动准备

计算机、互联网、纸、笔。

学习活动步骤

步骤1：教师将全班同学分组,每组6～7人。

步骤2：每个学生打开淘宝网,在服饰类商品中,通过综合对比款式、价格、卖家评价等因素,找到最能激发自己购买欲望的服饰。

步骤3：确定较为普通的购买动机。各组记录每个成员的购买原因,归纳统计,找出出现次数最多的一类动机。

步骤4：探讨影响购买动机的因素。各组找出最能激发购买欲望的原因和最不能激发购买欲望的原因,从而分析、总结影响购买动机的因素。

步骤5：每组为某品牌服饰专卖店写一份建议书,在建议书中要说明中学生在网上购买服饰最普遍的动机,并且说明哪些因素能激发中学生的购买欲望。

学习活动评价

对整个学习活动过程进行评价,特别是对学习活动过程中所取得的成果进行评价。评价主体包括学生本人、学习活动小组,同时指导教师参与评分。分析用户需求学习活动的评价表如表2.3所示。

表 2.3　分析用户需求学习活动的评价表

评价项目	小组准备情况(10%)	购买动机归类情况(30%)	建议书(60%)
评价标准	A. 非常充分 B. 充分 C. 不充分	A. 非常准确 B. 准确 C. 不准确	A. 非常实用 B. 较实用 C. 不实用
自己评分			
小组评分			
教师评分			
总得分			

说明：

1. 表格内按百分制打分。
2. 各标准对应的分数范围：A 为 80～100 分；B 为 60～79 分；C 为 60 分以下。

知识链接

1. 网络用户、网民与网络消费者

(1) 网络用户

网络用户是指通过接入网络进行国际联网的个人、法人和其他组织，可以分为互联网上的法人用户和个人用户。个人用户和法人用户是网络市场的两股主要推动力量，构成了网上活动或网上交易的主体。

(2) 网民

网民在我国一般是指在半年内使用过互联网的 6 周岁及以上的中国公民，是构成网络用户中的个人用户，是一个巨大的潜在消费群体。其类别可分为手机网民、电脑网民、农村网民、城镇网民等。

2013 年 7 月，中国互联网信息中心发布了第 32 次《中国互联网络发展状况统计报告》，报告显示，截至 2013 年 6 月底，我国网民规模达 5.91 亿，其中包括 4.64 亿手机网民，互联网普及率为 44.1%。我国网民的总体规模高居世界第一，但我国互联网的普及率总体水平还处于较低水平。

(3) 网络消费者

网络消费者是指通过互联网在网上市场进行消费和购物等活动的个体消费者，是网民中的一部分，也可以说是网民中的现实消费者群体（相对于潜在消费者群体而言）。

艾瑞咨询研究数据显示，我国网络消费者在网民中的比例约为三分之一，而在欧美等互联网普及率较高的国家，网民中网络消费者的比例超过了三分之二。我国网民主要分布在城市，具有受教育程度高和收入高等特征，是最具消费能力的群体。因此，我国网络消费者规模将在一定时期内保持较高增长率。

2. 网络消费者购买动机

（1）动机的含义

所谓动机，是指推动人进行活动的内在的驱动力，即激励人行为的原因。人只要处于清醒的状态之中，就要从事各式各样的活动，而这些活动一定是由一些动机所引起的。例如，一个人口渴了，他就会有喝水的动机，而这个动机将会导致他喝水的行为。动机与行为有直接的因果关系，如图2.8所示。

图2.8 动机与行为的因果关系

网络消费者的购买动机是指在网络购买活动中，能使网络消费者产生购买行为的某些内在的驱动力。购买行为是由购买动机支配的，而购买动机又是由某种需要或欲望引起的。例如，一个同学想要更好地利用网络学习，那么他就有上网学习的需要，而这个需要会导致他产生购买电脑的动机，而这个动机会导致最终的购买行为。不过，并非所有购买动机都产生于实际需要，例如，某位同学在浏览网页的时候，觉得一件衣服很漂亮，这种对美的追求的强烈欲望，也可能会产生购买动机，如图2.9所示。

图2.9 购买动机-购买行为模式

对于企业的营销部门来讲，通过了解消费者的动机，就能有依据地说明和预测消费者的行为，从而采取相应的营销手段。

（2）网络消费者购买动机的类型

从网络消费者购买商品的原因和驱动力而言，网络消费者的购买动机可分为生理性购买动机和心理性购买动机两大类。

① 生理性购买动机。生理性购买动机是指网络消费者由于生理本能的需要而产生的购买动机。网络消费者作为生物意义上的人，为了维持、保护、延续、发展自身生命，必然会产生购买所需商品的动机。而这些动机多数建立在生理需要的基础上，在这类动机的驱使下的网络消费者的消费行为在个体之间差异较小，具有明显、简单、稳定、重复的特点，比较容易实现。

② 心理性购买动机。心理性购买动机是指网络消费者由于心理需要而产生的购买动机。心理性购买动机主要是由后天的社会或精神需要所引起的，是消费者除本能以外，为满足、维持社会生活，进行社会生产和社会交际，在社会实践中实现自身价值等而产生的各种购买动机。

心理性购买动机较之生理性购买动机更为复杂多变，根据心理表现不同，又可以分成求实、求新、求廉、惠顾、偏爱、求方便等几种不同动机。网络消费者心理性购买动机见表2.4。

表 2.4 网络消费者心理性购买动机

心理动机分类	心理动机表现	特征
求实购买动机	以追求商品的实际使用价值为主要目标。注重经验,重视口碑,购买目的明确,不太注重商品的外观,也不大容易受促销活动的影响	最具普通型和代表性
求新购买动机	以追求商品的新颖、奇特、时尚为主要目标。特别重视商品的款式、颜色、造型,而不太注重商品的使用程度和价格高低	易受广告宣传和流行趋势的影响
求廉购买动机	以追求商品价格低廉,希望以较少的货币支出获得较多物质利益为主要目标	价格敏感度高
惠顾购买动机	以表示信任、感激为主要目标。网络消费者由于某些原因对特定商店、特定商品品牌,或对某些营销人员产生特殊的好感、信任,从而产生重复购买商品的行为	企业忠诚度高
偏爱购买动机	以满足个人某种特殊偏爱为主要目标。大多出于生活习惯和业余爱好、性格方面,如偏爱新奇的东西或者偏爱某些美的东西等,购物指向比较强,具有经常性、持续性	理智程度高
求方便购买动机	以追求购买过程的方便、快捷、省时为主要目标。具有这类购买动机的网络消费者时间、效率观念很强,希望尽可能简单、迅速地完成交易过程	时间观念强

3. 影响网络消费者购买行为的因素

网络市场和实体市场存在一定的差异,导致了网络消费者购买行为与传统消费者购买行为存在一定的差别。对引起这些差异的因素及其影响进行分析,有助于网上商家制订适合于网络销售的营销策略。影响网络消费者购买行为的因素可以分为内在因素和外在因素。

① 内在因素

影响网络消费者购买行为的内在因素,除了购买动机之外还包括以下因素。

(1) 年龄与性别

网络消费者对产品的需求会随着年龄的增长而变化,在生命周期的不同阶段,相应需要不同的商品。如在幼年期,需要婴儿食品、玩具等;在老年期,更多需要保健和延年益寿的产品。不同性别的网络消费者,其购买行为也有很大差异。烟酒类产品为男性消费者购买较多,而时装、首饰和化妆品等则为女性消费者购买较多。

② 受教育程度和经济收入水平

因为受教育程度和经济收入水平普遍具有正相关关系,因此将这两种因素对网络消费者行为的影响放在一起讨论。统计数据表明,互联网用户中大多数人都受过高等教育,而且他们平均收入水平要略高于总人口的平均收入水平。网络消费者的受教育程度越高,了解掌握互联网知识的困难越少,也越容易接受网络购物的观念和方式,网络购物的频率就越高。另外,根据研究发现,网络消费者的收入越高,在网上购买商品的次数越多。

③ 网购经历

一般来说,网络购物经验越丰富,就越容易做出在线购买决策;反之,网络购物经验少,网络购物时就越难做出购买决策。良好的网络购物经历会对网络购物行为有促进作用；相反，不愉快的购物经历，会使得网络消费者在下次网络购物时变得更加谨慎。

（2）外在因素

① 社会因素

每个人都要生活在一定的社会环境中，且与其他社会成员、群体和组织发生直接或间接的联系，所以消费者的购买行为会受到宏观环境因素的制约。同理，网络消费者的购买行为也会受到外界环境因素的影响。不同的文化氛围对消费者网络购物有很大的影响。文化因素会通过影响社会的各个阶层和家庭，影响到每个人及其心理活动。一般来讲，在更为追求自由、个性化的文化氛围下，消费者选择网络购物的概率会更高。因此，西方人比东方人更愿意网络购物。

随着互联网技术的发展，网络文化越来越被认同，尤其在年轻人心中，网络已成为他们生活中不可缺少的一部分，这对于网络购物的普及有着非常重要的意义。有调查数据显示，受朋友的影响而选择网上购物的人数最多，其次是受网络广告和其他媒体广告的影响。由此可见，社会因素对消费者网络购物会产生重要的影响。

② 营销因素

如同实体店铺一样，网络商店也会在商品、价格、分销渠道、广告、支付方式、服务等方面制订营销策略，以吸引消费者购买。部分消费者在网络购物时存在很多顾虑，企业通过网页向客户提供丰富的产品信息，保证产品质量，提供安全的支付方式，强调售后服务等方式能降低消费者的戒备心理，促使购买行为发生。

4．网络消费者购买决策的过程

网络消费者的购买过程就是网络消费者购买行为形成和实现的过程。网络消费者的购买过程基本可以分为5个阶段：产生需求、收集信息、比较选择、购买决策和购后评价。

（1）产生需求阶段

网络购买过程的起点是诱发需求。网络消费者的需求是在内外因素的刺激下产生的。当网络消费者对市场中出现的某种商品或某种服务发生兴趣后，才可能产生购买欲望。这是网络消费者做出消费决定过程中所不可缺少的基本前提。若不具备这一基本前提，网络消费者就无从做出购买决定了。

对于网络营销来说，诱发需求的动因只能局限于视觉和听觉。文字的表述、图片的设计、声音的配置是网络营销诱发网络消费者购买的直接动因。从这方面讲，网络营销对网络消费者的吸引具有很大的难度。这要求从事网络营销的企业或中介商注意了解与自己产品有关的实际需求和潜在需求，了解这些需求在不同时间的不同程度，了解这些需求是由哪些刺激因素诱发的，进而巧妙地设计促销手段，以吸引更多的网络消费者浏览网页，诱发他们的购买需求和欲望。

（2）收集信息阶段

在购买过程，收集信息的渠道主要有两个：内部渠道和外部渠道。内部渠道是指网络消费者个人所储存、保留的市场信息，包括购买商品的实际经验、对市场的观察以及个人购买活动的记忆等；外部渠道是指网络消费者可以从外界收集信息的通道，包括个人渠道、商业渠道和公共渠道等。

一般来说,在传统的购买过程中,消费者对于信息的收集大都出于被动进行的状况。与传统购买时信息的收集不同,网络购物的信息收集带有较大的主动性。在网络购买过程中,商品信息的收集主要是通过互联网进行的。一方面,网络消费者可以根据已经了解的信息,通过互联网跟踪查询;另一方面,网络消费者可以不断地在网上浏览,寻找新的购买机会。由于消费层次的不同,网络消费者大都具有敏锐的购买意识,始终领导着消费潮流。

(3) 比较选择阶段

对于消费者需求的满足是有条件的,这个条件就是实际支付能力。没有实际支付能力的购买欲望只是空中楼阁,不可能导致实际的购买行为。为了使消费需求与自己的购买能力相匹配,比较选择是购买过程中必不可少的环节。消费者对各条渠道汇集而来的资料进行比较、分析、研究,了解各种商品的特点和性能,最终从中选择最为满意的一种。一般说来,消费者主要考虑产品的功能、性能、样式、价格和售后服务等。

网络购物时不直接接触实物,网络消费者对网上商品的比较依赖于厂商对商品的描述,包括文字的描述和图片的描述。网络营销商对自己的产品描述不充分,就不能吸引众多的网络消费者,而如果对产品的描述过分夸张,甚至带有虚假的成分,则可能永久地失去网络消费者。

(4) 购买决策阶段

网络消费者在完成了对商品的比较选择之后,便进入到购买决策阶段。与传统的购买方式相比,网络消费者的购买决策有许多独特的特点。首先,网络消费者理智动机所占比重较大,而感情动机所占的比重较小;然后,网络购物受外界影响较小,大部分的购买决策是自己做出的或是与家人商量后做出的;最后,网络购物的决策行为较之传统的购买决策要快得多。

(5) 购后评价阶段

网络消费者在购买商品后,往往通过使用对自己的购买选择进行检验和反省,重新考虑这种购买是否正确,效用是否理想,以及服务是否周到等问题。这种购后评价往往决定了消费者今后的购买动向。

为了提高企业的竞争力,最大限度地占领市场,企业必须虚心倾听网络消费者反馈的意见和建议。互联网为网络营销者收集网络消费者购后评价提供了得天独厚的优势。方便、快捷、便宜的电子邮件紧紧连接着厂商和网络消费者。厂商可以在订单的后边附上一张意见表。网络消费者在购买商品的同时,可以同时填写自己对厂商、产品及整个销售过程的评价。厂商从网络上收集到这些评价之后,通过计算机的分析、归纳,可以迅速找出工作中的不足,及时了解网络消费者的意见和建议,随时改进自己的产品性能和售后服务。

5. 网络消费行为引导

网络消费者的消费行为是由购买动机引起的,在实际购买过程中,网络消费者做出购买决定大都是在影响购买行为的各种因素共同驱使下进行的。

影响购买行为的各种因素主要有两大类:一类是促进购买因素;另一类是抑制购买因素。两类因素基本的表现方式有两种:第一种形式表现为其中一类因素完全压制另一类,其结果表现为购买或者放弃购买;第二种表现形式是两类因素同时存在,共同作用,而这种情况最普遍,网络消费者在这时候通常表现得十分犹豫。由此可见,网络消费者的购买行为具有可引导性。

要引导网络消费者的消费行为,可参考如下做法。

第一,提供详细的产品信息。很多网络消费者愿意在网上购物,其中一个很重要的原因是因为网上能够很容易获得丰富的产品信息。由于网络消费者有很多个性化的需求,导致每个网络消费者关注产品信息的侧重点不同。企业必须在网络上提供产品各方面的信息,帮助网络消费者更全面地认识产品。

第二,保证产品质量,打消网络消费者疑虑。网络调查显示,网络消费者网上购物最担心的问题是怕买到假货、次货。网络消费者对商品产生了购买动机,才会浏览商品,如果企业能做出保证正品声明,则有利于强化购买动机,促成购买行为。

第三,提供多种安全支付手段,保障支付安全。经过多年的发展,网络支付大多通过第三方支付工具支付,第三方支付成为消费者比较放心的支付手段。因为网络是一个开放的平台,网络支付可能成为个人银行卡账号泄露的渠道,因此保障支付安全能成为网络消费者放心购买的重要因素。

第四,做好售后服务。售后服务一直是网络消费者在购买网络产品时担忧的一个问题,尤其是对于大件商品或者价值较高的商品,如手机、大型家电等。企业做好售后服务承诺,消费者方能放心购买。

知识拓展

判断题

1. 网络营销者都是网民,网民也都是网络消费者。　　　　　　　　　　(　　)
2. 社会因素对消费者网络购物也会产生重要影响。　　　　　　　　　　(　　)
3. 在购买过程中,手机信息的渠道主要有两个:内部渠道和外部渠道。　(　　)

学习活动三　制订网络营销策略

案例导读

"二孩经济"母婴电商竞争靠价格战行不通,该如何突围?

随着"全面二胎"政策落地,许多妈妈从"想要二孩"成为"有二孩"。随着"二孩"数量增加,母婴这类垂直电商平台迎来了新的发展契机。母婴市场空间大,母婴电商间的竞争加剧。

据相关数据显示,2017年,母婴电商行业市场交易规模达到6 376亿元,到2020年,整体规模将达到3.6万亿元。面对这块高速成长的万亿市场大蛋糕,许多从业者、各类机构纷纷入局,线上线下齐发力,行业前景一片大好,但行业间竞争加剧。

电商发展到现在,价格战是必经之路,也是电商竞争中最有效的手段。许多缺乏资金的企业,在价格战中被淘汰。母婴电商在价格战中的具体突围方法如下:

第一,在细分市场上发力,做差异化服务与商品。母婴垂直电商平台要专业化运营,做差异化的服务,通过内容与消费者在感情上互相倾诉,提高用户对平台的忠诚度与黏性。

第二,借助大数据,精准化营销,将消息推送给有消费需求的用户。企业借助大数据分析做出精准梳理,可精准地了解消费者关注的热点、产品的品质以及服务过程中的问题等,这样就可以精准推送正确的信息给到固定的消费者。

第三,提高供应链整合力,保障产品品质。母婴产品问题所引发的影响是巨大的,会导致消费者迅速抛弃其相应产品。对母婴消费者而言,品质为先,服务压轴,产品质量好坏是保障母婴电商品牌能否存活的关键。

学习活动来源描述

某品牌服饰专卖店最近的销量每况愈下,销售经理王东觉得网络销售是个商机,于是决定将商场部分商品投放到网络市场,但他并不了解网络市场及其运作情况,于是找到了电子商务专业毕业的小雨,让小雨帮他确定以下问题:哪些商品适合在网上销售?网络市场商品该如何定价?网络促销方式有哪些?

学习活动内容

(1)通过互联网确认适合在网上销售的产品类别。
(2)分析网络产品的价格特征。
(3)搜集网络促销形式。
(4)总结小组关于网络营销策略探索的结果。

学习活动目的

(1)明确适合在网上销售的商品类别。
(2)了解网络商品价格特征。
(3)掌握网络促销形式。

成果形式

PPT演示文稿。

学习任务二　开展市场网络运营活动

学习活动准备

计算机、互联网。

学习活动实施

步骤1：教师将全班同学分组，每组6～7人。
步骤2：学生借助网络资源，查找可以在网上销售的产品类别。
步骤3：学生浏览各电子商务网站或企业网站，查看各类网络商品的定价情况，总结网络商品的价格特征。
步骤4：以小组为单位，总结网络营销产品类别、网络产品价格特征以及网络商品促销形式，将这些内容做成PPT在班级展示。

学习活动评价

对整个学习活动过程进行评价，特别是对学习活动过程中所取得的成果进行评价。评价主体包括学习活动学生本人、学习活动小组，同时指导教师参与评分。网络营销策略学习活动的评价表如表2.5所示。

表2.5　网络营销策略学习活动的评价表

评价项目	小组准备分工（25%）	小组PPT展示内容（50%）	网络营销创新性（25%）
评价标准	A. 非常充分 B. 充分 C. 不充分	A. 准确、充实 B. 较准确、充实 C. 不准确或不充实	A. 非常创新 B. 较创新 C. 无创新
自己评分			
小组评分			
教师评分			
总得分			

说明：
1. 表格内按百分制打分。
2. 各标准对应的分数范围：A为80～100分；B为60～79分；C为60分以下。

 知识链接

1. 网络消费者的需求与欲望

（1）需求和欲望的含义
本书中多次提到需求、欲望和要求，这是营销学中的3个基本概念。

需要(Needs)是指人们没有得到某些满足的感受状态,是促使人们产生购买行为的原始动机,是营销活动的源泉。例如,人饿了需要食物,渴了需要水或饮料等。

欲望(Wants)是指人类需要经文化和个性塑造后所采取的形式,即人们想要得到满足某种需要的具体物品的愿望。个人的需要因其所处的社会文化和性格等的不同而不同,欲望和需要是有差别的,例如,人们会买牙膏,从表面上看是对牙膏的欲望,但实质是对洁齿、防止牙龈出血的需要。不同的人往往会根据自身的经济条件或喜好买不同的牙膏,这就是欲望的差异性。

需求(Demands)是指有支付能力并愿意购买某种产品来满足需要的一类人的欲望,也就是说,需求是以购买能力为基础的欲望。小轿车作为一种便捷的交通工具,可能人人都需要。但对没有购买能力的人来说,小轿车的需要只是一种欲望,只有对于具有足够支付能力的人来说才是需求。在市场经济条件下,人类需求表现为市场需求,因此并非所有人的需要都能转化为需求,也并非所有人的欲望都能得到实现,而购买能力是问题的关键。需要、欲望和需求三者的关系如图2.10所示。

图2.10 需要、欲望和需求三者的关系

(2) 网络营销产品的概念

需求是市场营销的起点,也是企业营销活动的中心。当人们觉得不满足时,需求就会产生。人们寻求满足需求的途径通常是由产品的功能实现的,于是人们就会产生购买的欲望。从企业的角度讲,消费者的需求不能创造,但企业可以通过产品(或服务)使人们的需求和欲望得到满足。

① 网络营销产品的整体概念可分为5个层次,见表2.6。

表2.6 网络营销产品的5个层次

产品层次	含义
核心产品层次	核心产品层次是指用户在购买产品时希望从产品中得到的基本效用,即购买者追求的核心利益,例如,消费者购买计算机是为了学习计算机,利用计算机作为上网工具;购买软件是为了压缩磁盘空间、播放MP3格式的音乐或上网冲浪等
有形产品层次	有形产品层次是指产品在市场上出现时的具体物质形态。对于物质产品来说,第一,必须保证产品的品质;第二,必须注重产品的品牌;第三,注重产品的包装;第四,在产品式样和特征方面要根据消费者的偏好进行针对性设计
期望产品层次	期望产品层次是指用户在购买产品前对所购产品的质量、使用方便程度、特点等方面的期望值
延伸产品层次	延伸产品层次是指由产品的生产者或经营者提供的用户需求。对于物质产品来说,延伸产品层次要注意提供令人满意的售后服务、送货服务、质量保证等
潜在产品层次	潜在产品层次是在延伸产品层次之外,由企业提供的能满足消费者潜在需求的产品层次,它主要是指产品的增值服务

② 网络营销产品分类。网络市场是一个虚拟市场,并非所有产品都适合在网上销售。随着网络技术发展和其他科学技术的进步,越来越多的产品在网上销售。在网络

上销售的产品,按照产品性质的不同,可以分为两大类,即实体产品和无形产品(又称虚体产品)。

a. 实体产品。它是指具有物理形状的物质产品。在网络上销售实体产品的过程与传统的交易方式有所不同。在互联网上已没有传统的面对面的买卖方式,网络上的交互式交流成为买卖双方交流的主要形式。消费者通过卖方的网页考察其产品,通过填写表单确定产品的品种、价格、数量,而卖方则将面对面的交货改为邮寄产品或送货上门。

b. 无形产品。它与实体产品的本质区别是无形产品一般是没有物理形态的,即使表现出一定形态也是通过其载体体现出来的,而产品本身的性质和性能必须通过其他方式才能表现出来。例如,对于火车票,消费者所获得的产品是从甲地到乙地的运载服务,但这一无形的产品是通过火车票的形式表现出来的,产品本身的性质和性能是通过搭乘火车表现出来的。

(3)满足消费者需求与欲望的策略

为了满足消费者的需求和欲望,企业必须制订与产品有关的策略,主要包括产品定位策略、新产品开发策略、产品组合策略。

① 产品定位策略

产品定位就是针对消费者或用户对某种产品的某种属性的重视程度,塑造产品或企业的鲜明个性或特色,树立产品在市场上的形象,从而使目标市场上的消费者了解和认识本企业的产品。产品定位的具体策略见表2.7。

表2.7 产品定位的具体策略

策略	含义
功能定位策略	功能定位策略是通过对自己产品各种功能的表现、强调,给消费者提供比竞争对手更多的收益和满足,借此使消费者对产品留下印象,以实现产品某类功能的定位
包装定位策略	消费者个性化需求的发展直接导致了产品包装的不断更新,企业产品采取的包装是产品定位的关键内容之一。例如,月饼包装直接代表了产品的定位,网络产品的包装的定位策略也是如此
对比定位策略	对比定位策略是指通过与竞争品牌的比较,确立自己的市场地位。例如,美国克莱斯勒公司宣称自己是美国三大汽车公司之一,推出这么一个概念,一下子使自己和汽车"巨头"们联系在了一起,这样很容易在消费者心中留下印象

② 新产品开发策略

产品从研制成功到投入市场,通常都会经历成长阶段、成熟阶段、衰退阶段,最终到被淘汰为止,这就是产品的市场生命周期。产品市场生命周期的长短主要取决于市场的需求和产品的更新换代程度。在网络环境下,企业能在网上及时了解消费者的意见,从产品一问世,企业就知道了产品应该改进和提高的方向。于是,当老产品还在成熟期时,企业就开始了下一代系列产品的研制,这使产品永远朝气蓬勃、保持旺盛的生命力。

不断开发新产品是现代企业满足消费者需求和欲望、提高竞争力的焦点与核心。在网络营销环境下,产品开发环境和操作技术都发生了很大变化,产品市场生命周期大为缩短,新产品开发的具体策略见表2.8。

表 2.8　新产品开发的具体策略

策　略	含　义
新产品问世策略	新产品问世策略是指开创一个全新市场的产品。如果有很好的产品构思和服务概念，往往都会获得成功。例如，由于苹果公司研制出的 iPad 平板电脑比传统笔记本式电脑便于携带，且比手机屏幕尺寸大，因此 iPad 平板电脑一经推出，就受到人们的喜爱
新产品线策略	新产品线策略是指企业首次进入现有市场的系列新产品。互联网的技术扩展速度非常快，利用互联网迅速模仿、研制、开发市场已有的产品，是一条捷径
现有产品线的增加产品策略	由于市场不断细分，市场需求差异性增大，现有产品线的增加产品策略是一种比较有效的策略。一方面，它能满足不同层次的差异性需求；另一方面，它能以较低风险进行新产品开发，因为它是在已经成功的产品上进行再开发
改良或升级的产品策略	改良或升级的产品策略是指提供现有产品的功能，并且替换现有产品的新产品。在面对消费者需求日益提高的驱动下，企业必须不断改进现有产品和进行升级换代，否则很容易被市场抛弃
降低成本的产品策略	网络时代的消费者虽然注重个性化消费，但个性化不等于高档次消费。在网络市场上，提供功能相同但成本更低的产品，更能满足多样化的市场需求。例如，苹果公司在发布 iPhone 4S 的同时，发布了 iPhone 48 GB 版本，以满足不同层次客户的消费需求
重新定位的产品策略	企业在刚进入网络市场时可以考虑这种策略，因为网络市场是一个更加广泛的市场，企业可以突破时空限制，以有限的营销费用去占领更多的市场。例如，华为手机在国内互联网上售价大多比较低，但在欧美市场华为手机将自己定位为高端产品

企业具体采用哪一种新产品开发策略，可以根据企业的实际情况决定，但必须结合网络市场特点。

③ 产品组合策略

产品组合策略是指企业根据其经营目标、自身实力、市场状况和竞争态势，对企业所经营的全部产品组合的广度、深度和关联度进行不同的组合。常见的网络营销产品组合策略有扩大产品组合策略、减缩产品组合策略、产品延伸策略，见表 2.9。

表 2.9　产品组合的具体策略

策　略	含　义
扩大产品组合策略	扩大产品组合策略是指扩展产品组合的广度和深度，增加产品系列或项目，扩大经营范围，以满足市场需求。这种组合策略有利于综合利用企业资源，扩大经营规模，降低经营成本，提高企业竞争能力；有利于满足客户的多种需求，进入和占领多个细分市场
缩减产品组合策略	缩减产品组合策略是与扩大产品组合策略相反的策略，是指降低产品组合的广度和深度，减少一些产品系列或项目，集中力量经营一个系列的产品或少数产品项目，提高专业化水平，以求从经营较少的产品中获得较多的利润，该策略也称市场专业化策略
产品延伸策略	每一个企业所经营的产品都有一定的市场定位。产品延伸策略是指全部或部分改变企业原有产品的市场定位，具体做法有向上延伸策略、向下延伸策略和双向延伸策略 3 种

2. 满足需求和欲望的成本

(1) 网络消费者满足需求和欲望的成本构成

网络消费者满足需求和欲望的方式主要是通过网上购物，所以其满足需求和欲望的成本主要指的是网络购物的成本。这一成本包括可量化因素和不可量化因素。可量化因素主要指用于购买商品直接支付的金额,如商品价格、付给快递公司的运费等;不可量化因素可以划分为使用时间成本、购买经历成本、生活方式成本、心理成本等。

① 使用时间成本。如果消费者在传统的分销渠道中购买产品,那么可以立即得到产品,不需要等待;如果消费者通过网络购买产品,就必须有从订货到收货之间的时间隔,这就是网络消费者的使用时间成本。

② 购买经历成本。通过网络购买产品,可以带来一定的方便,如不用亲自到商店去购买,这可以节省时间、精力。但网络购物也有不便之处,如必须要在网站上建立自己的账户,必须阅读商品目录,在付账时需要填写各类信息,最后还需要确认购买等。网络消费者购买经历成本就是指网络购物的便利性与网络购物所必须付出精力这两者抵消后的结果。

③ 生活方式成本。通过何种渠道购买商品与消费者的生活方式密切相关。一些人乐于接受新鲜事物,希望尝试新的购物方式,对他们来说通过网络购物是一种乐趣;另一些人更喜欢亲自去商店购物,感受在商店购物的乐趣。网络购物带来的生活方式的改变是造成生活方式成本的原因。

④ 心理成本。网络消费者因为网上购物而造成的负面心理影响会带来心理成本,这部分成本可能由于自尊、隐私等受到侵害而产生。这种成本可能由以下情况造成:信用卡的信息泄露,收到干扰邮件,担心交易虚假或收不到所购产品等。

总之,影响网络消费者需求和欲望满足的成本由多种因素构成。对于企业而言,必须尽可能降低满足网络消费者需求和欲望的成本。所以,一方面,企业需要通过打造良好的网络购物体验,降低不可量化的购物成本;另一方面,企业在定价格策略时,必须充分考虑网络消费者购物的各项成本。

(2) 网络营销产品价格的特点

价格对企业、消费者乃至中间商来说都是最为敏感问题。互联网是一个开放的平台,企业、消费者以及中间商对产品的价格信息都有比较充分的了解,因此与传统市场的产品价格相比,网络市场产品的价格具有以下一些新的特点。

① 一致化。在网络市场上,需求者和竞争者可以通过网络获得某企业的产品价格信息,并与其他企业的同类产品进行比较,最终结果是使某种产品的价格水平趋于一致,这对于那些执行差别化定价策略的公司会产生重要的影响。

② 非垄断化。互联网使企业面临的是一个安全竞争的网络市场,无论是市场垄断、技术垄断还是价格垄断,垄断的时间变得更短、程度变得更浅。

③ 趋低化。一方面,网络营销使企业的产品开发、促销等成本降低,企业可以进一步降低产品价格;另一方面,由于网络扩展了用户选择的空间,因此要求企业以尽可能低的价格向用户提供产品和服务。

④ 弹性化。网络营销的互动性使用户可以与企业就产品的价格进行协商,以实现灵活的弹性价格。

⑤ 智能化。通过网络企业不仅可以掌握产品对用户的价值,而且可以根据每个用户对产品的不同需求,生产定制产品。由于在产品的设计与制造过程中,数字化的处理机制可以精确地计算出每一件产品的设计制造成本,因此企业完全可以在充分信息化的基础上,建立智能化的定价系统,实现根据每件产品的订制要求制订相应价格。

3. 网络营销的定价策略

① 低价定价策略

消费者选择网上购物,一方面是因为网上购物比较方便,另一方面是因为从网上可以获取更多的产品信息,从而以最优惠的价格购买商品。由于网上的信息是公开的、易于搜索和比较的,因此低价策略对吸引消费者购买起着重要作用。

a. 直接低价定价策略。直接低价定价策略是指在定价时采用成本加一定利润来定价,有的甚至是零利润,因此这种定价策略在公开价格时比同类产品的价格要低。它一般是制造业企业在网上进行直销时采用的定价方式,例如,戴尔公司计算机定价比其他公司同性能的产品低10%~15%。

b. 折扣策略。折扣策略是指在原价基础上进行折扣来定价。这种定价策略可以让消费者直接了解产品的降价幅度,以增加消费者的购买欲望,例如,"当当网"上的图书价格一般都要进行折扣,甚至折扣价格可达到3~5折。

在采用低价定价策略时要注意以下3点:第一,消费者一般认为网上商品比从一般渠道购买的商品要便宜,因此在网上不宜销售那些消费者对价格敏感而企业又难以降价的产品;第二,在网上公布价格时要注意区分消费对象,一般要区分为一般消费者、零售商、批发商、合作伙伴,并针对不同消费对象分别提供不同的价格信息发布渠道,否则可能因低价策略混乱导致营销渠道混乱;第三,在网上发布价格时要注意比较同类站点公布的价格,否则价格信息公布将起到反作用。

② 个性化定制定价策略

根据消费者需求进行定制生产,是个性化服务的重要组成部分,也是网络时代满足消费者个性化需求的基本形式。消费者往往对产品外观、颜色、样式等方面有具体内在的个性化需求,因此,企业可以利用网络的互动性来满足消费者对个性化产品的需求。由于消费者的个性化需求差异性大,加上消费者的需求量少,企业需要利用网络技术和辅助设计软件等来满足消费者对个性化产品的需求。企业可以根据消费者的个性化需求进行差异定价,例如,戴尔公司的消费者可以通过其网页,根据自身的需求特征,配置出自己最适合的产品。

③ 特殊价格定价策略

特殊价格定价策略需要根据产品在网上的需求状况来确定产品的价格。当消费者对某种产品有很特殊的需求时,企业在定价时不用过多地考虑其他竞争者,只要定下自己满意的价格就可以了。这种策略往往针对两种产品:一种是创意独特的新产品,企业利用网络沟通的广泛性、便利性,快捷地满足了那些品位独特、需求特殊的人捷足先登的心理;另一种是有特殊收藏价值的商品。

④ 捆绑销售定价策略

捆绑销售是共生营销的一种形式,是指两个或两个以上的品牌或公司在促销过程中进行合作,从而扩大各自的影响力。捆绑销售的形式主要有3种:第一种是优惠购买,消费者在购买甲产品时,可以用比市场上优惠的价格购买乙产品;第二种是统一价出售,产品甲和产品乙不单独标价,而是按照捆绑后的统一价出售;第三种是统一包装出售,即将产品甲和产品乙放在同一包装里出售。

⑤ 信用定价策略

企业的形象、信用成为网络营销发展中影响价格的重要因素。消费者对在网上购物往往存在着许多疑虑,如在网上订购的商品质量能否得到保证,货物能否及时送到等。如果网络营销的企业在消费者心中比较有声望,消费者对它的信任度高,那么它出售的网络商品价格可比一般商店高些;反之,价格要低一些。

⑥ 品牌定价策略

产品的品牌和质量是成为影响价格的重要因素。如果产品具有良好的品牌形象、较高的知名度,那么产品将会产生很大的品牌增值效应,商品可以采用"优质高价"的方法,即品牌定价策略,这样既增加了企业的盈利,又让消费者在心理上感到满足。对于这种本身具有较高知名度的产品,由于得到人们的认可,在网站商品的定价中,完全可以对品牌效应进行扩展和延伸,利用网络宣传与传统销售的结合产生整合效应。

上面几种定价策略是企业在利用网络拓展市场时,可以考虑的几种比较有效的策略,企业应根据产品的特性和网络市场发展的状况来决定定价策略的选择。不管采用何种定价策略,企业的定价策略应与其他策略配合,以保证企业总体营销策略的实施。

4. 网络营销渠道

随着生活节奏的加快,消费者外出购物的时间越来越少,迫切需要快捷方便的购物方式和服务,而网络购物可以大大提高购物效率。通过网络,消费者在家就可获得相关产品的信息,通过对产品价格、性能等指标的比较,足不出户就可以挑选到自己所需要的产品。在选定产品之后,数字化的产品,如软件、电子书报等,可以经由网络直接传至用户的计算机中,而实物产品一般由公司派专人送货上门,因此用户购买的方便性大大提高。

(1) 网络营销渠道的类型

网络营销渠道是指通过互联网实现产品从生产者向消费者转移过程中的具体通道或路径,网络营销在渠道的选择上有两种:网络直接营销渠道(又称网络直销)和网络间接营销渠道,见表2.10。

表2.10 网络营销渠道

渠道类型	含 义	做 法	优 点
网络直接营销渠道	网络直接营销渠道是指生产商通过互联网实现产品从生产者到消费者的网络直接营销通道或路径	一种做法是企业在互联网上建立自己的站点,由网络管理人员专门处理有关产品的销售事务;另一种做法是企业委托信息服务商在其网站上发布信息,然后企业利用有关信息与客户联系,直接销售产品	企业与消费者直接接触,企业能够及时了解消费者的需求、意见或建议,并根据这些要求、意见或建议及时调整自己的营销策略
网络间接营销渠道	网络间接营销渠道是指企业通过一些网络中间商,实现产品从生产者到消费者的网络间接营销通道或路径	企业授权网络中间商发布商品信息,在消费者确认购买后,网络中间商会通知企业利用第三方物流发货	企业不用担心网站流量,网络中间商的网络平台会吸引足够的消费者

(2) 网络营销渠道的组成

不管是网络直接营销渠道还是网络间接销售渠道,都要涉及信息沟通、资金转移和事物转移等。一个完善的网络营销销售渠道应由三大系统组成：订货系统、结算系统、配送系统。

① 订货系统。它为消费者提供产品信息，同时方便厂家获取消费者的需求信息，以求达到供求平衡。一个完善的订货系统可以最大限度地降低库存，减少销售费用。而且在设计订货系统时，要简单明了，不要让消费者填写太多信息，应该采用现在流行的"购物车"方式，让消费者一边比较商品，一边进行选购，在购物结束后，可以一次性进行结算。另外，订货系统还应该提供商品搜索和分类查找功能，以便消费者在最短时间内找到需要的商品，同时还应提供消费者想了解的商品信息，如性能、外形、品牌等。

② 结算系统。消费者在购买产品后，应该有多种付款方式，方便消费者进行付款，因此企业应有多种结算方式。国内网上付款方式主要有网上银行、信用卡、货到付款、邮局汇款等。

③ 配送系统。对于无形产品，如服务、软件、音乐等产品，可以直接通过互联网进行配送；对于有形产品，其配送要涉及运输和仓储问题。对于开展网络直接营销的企业而言，可以有两种方式管理和控制物流：一种方式是利用自己的力量建设自己的物流系统，例如，凡客诚品自建如风达快递公司来运送自己销售的产品；另一种方式是通过选择合作伙伴，利用专业的物流公司为网络直接营销提供物流服务，这是大多数企业采取的方式。

（3）网络营销渠道策略

在建设网络销售渠道时要注意产品的特性，有些产品易于数字化，可以直接通过互联网传输，而对大多数有形产品，还必须依靠传统配送渠道来实现货物的空间移动。在具体制订网络营销渠道策略时，要考虑到以下几个方面的内容。

第一，从消费者角度设计网络营销渠道。只有采用消费者比较放心、容易接受的方式才有可能吸引消费者使用网上购物。例如，在我国，目前采用货到付款的方式比较让人认可。

第二，在设计订货系统时，要简单明了，方便消费者使用。当前主流的电子商务系统所采用的"购物车"模式能在很大程度上帮助消费者选择和比较商品。

第三，在选择结算方式时，应考虑到目前实际发展的状况，尽量提供多种付款方式，以方便消费者选择，同时还要考虑网上结算的安全性，对于不安全的直接结算方式应换成安全的间接安全结算方式。

第四，建立完善的配送系统。消费者只有在看到购买的商品到家后，才真正感到踏实，因此建立快速有效的配送服务系统是非常重要的。现阶段我国配送体系还不成熟，在进行网上销售时要考虑到该产品是否适合于目前的配送体系。

5．网络营销沟通策略

（1）网络营销中的沟通

在网络营销中，沟通是指企业与消费者间及消费者与消费者间事先计划好或事先没有计划好的信息传递。事先计划好的信息来自试图通知或说服目标受众的企业，事先没计划好的信息一般指消费者间的口碑传递和公共媒体的无偿宣传。沟通是为营销战略目标服务的，因此即使对于事先无计划的信息，企业都会力图去使其向有利于企业营销战略实现的方向发展。

沟通的主要参与者是信息的发送者与接收者，信息是沟通的内容，媒体是沟通的渠道。

（2）网络营销沟通的策略

网络营销沟通策略主要包括以下策略：

① 网络营销促销策略

促销是指以礼物或货币等形式，加速产品从生产者到消费者的流通速度的一种短期激励手段。网络促销相对传统促销的特点是不仅可以吸引广大的消费者参与到促销活动中，而且更利于吸引消费者参与到整个销售过程中。网络营销促销包括以下5个基本策略。

a. 折价促销策略。折价亦称打折、折扣。折价促销是目前网上最常用的一种促销方式。目前网民在网上购物的热情远低于在商场、超市等传统购物场所的热情，而幅度比较大的打折可以促使消费者进行网络购物尝试并做出购买决定。

b. 赠品促销策略。赠品促销在网络营销上的应用不算太多，一般情况下，在新产品推出、产品更新、对抗竞争品牌、开辟新市场的情况下利用赠品促销可以达到比较好的促销效果。赠品促销可以提升品牌和网站的知名度，鼓励人们经常访问网站来获得更多的优惠信息，还能根据消费者索取赠品的热情程度，总结分析营销效果。

c. 抽奖促销策略。抽奖促销是网上应用较广泛的促销形式之一，是大部分网站乐意采用的促销方式。抽奖促销是指以一个人或数人获得超出参加活动成本的奖品为手段，进行商品或服务的促销。网上抽奖活动主要附加在调查、产品销售、庆典、推广某项活动等中。消费者或访问者通过填写问卷、注册、购买产品或参加网上活动等方式获得抽奖机会。

d. 积分促销策略。积分促销在网络上的应用比起传统营销方式要简单和易操作。网上积分活动很容易通过编程和数据库等来实现，并且结果可信度很高，操作起来相对较为简便。积分促销一般设置价格较高的奖品，消费者通过多次购买或多次参加某项活动来增加积分，以获得奖品。积分促销可以增加消费者对网站的忠诚度，提高活动的知名度等。

e. 联合促销策略。由不同的商家联合的促销活动称为联合促销。联合促销的商品或服务可以起到一定的优势互补、互相提升自身价值等的作用。假如应用得当，联合促销可以收到相当好的促销效果。

② 电子邮件沟通策略

在信息时代，生产企业和商家最有价值的信息是他们客户的信息，企业对客户知道得越多，就越可以提供最适合他们的商品和最具个性化的服务。客户在确信他们能得到实际的价值回报时，他们愿意将真实信息、电子邮件地址呈现给企业，并保持与企业用电子邮件沟通。电子邮件沟通应当注意以下几点。

a. 适时地与客户进行沟通联系。若给沟通对象发送电子邮件过于频繁，发送出去的电子邮件可能会被视为垃圾邮件，邮件之间的发送时间也不应该间隔太长，不要让客户觉得自己被企业遗忘了。

b. 不要滥发邮件。要有选择地发邮件给客户，尽可能把邮件发给那些对自己产品感兴趣的客户，否则你的邮件可能始终无法逃脱成为垃圾邮件的命运。

c. 邮件具备一定的趣味性。客户不会把太多的时间放在浏览电子邮件上，若邮件具有一定的趣味性，能够激励客户看完全部信息。

d. 邮件尽量简短，力求做到言简意赅。没有人喜欢看长篇大论，说出精华部分，引导客户登录企业网站获取更多信息。

e. 邮件字体不要花哨，尽量用黑色字。写邮件注意不要用黑色以外的其他颜色，邮件内容用不同颜色或字体会显得不专业,而且不便于阅读。

③ 网络公共关系策略

网络公共关系策略是指通过互联网的交互功能,吸引客户与企业保持密切关系,培养客户的忠诚度,提高企业收益率的策略。换句话说,网络公共关系策略就是把营销活动看成是一个企业与客户、供应商、分销商、竞争者、政府机构等发生互动作用的过程,其核心是建立和发展与这些公众的良好关系,具体包括以下做法。

a. 与网络新闻媒体合作。网络新闻媒体一般有两大类:一类是传统媒体,它通过互联网发布媒体信息;另一类是新兴的、真正的网上媒体,他们没有传统媒体的依托。无论是哪一类媒体在互联网上出现,企业与新闻媒体的合作都更加密切了,企业与新闻媒体可以充分利用互联网的信息交互特点,更好地与人进行沟通。

b. 宣传和推广产品。宣传和推广产品是网络公共关系重要的职能之一。互联网最初是作为信息交流和沟通的渠道,因此互联网上有许多类似社区性质的论坛和一些社会化网络空间,企业在利用直接促销工具的同时,可以采用一些软性的工具,如讨论、介绍、展示等,来宣传推广产品。

c. 建立沟通渠道。企业网站的一个重要功能就是为企业与企业相关者建立沟通渠道。通过网站的交互功能,企业可以与目标客户直接进行沟通,了解客户对产品的评价和客户提出的还没有得到满足的需求,保持与客户的紧密关系,维持客户的忠诚度。同时,企业通过网站对企业自身及产品、服务的介绍,让对企业感兴趣的群体可以充分认识和了解企业,提高企业在公众中的知名度。

知识拓展

一、选择题

1. 促销方案包括(　　)。
A. 促销时间　　　B. 促销地点　　　C. 促销方法　　　D. 促销主题
2. 网上抽奖活动主要附件于(　　)等。
A. 产品销售　　　B. 庆典　　　　　C. 调查　　　　　D. 推广活动

二、填空题

1. 根据促销对象的不同,网上促销策略可分为_____、中间商促销和零售商促销。
2. 常用的促销方法有_____、_____和抽奖促销、积分促销等。

学习任务三
实施网络推广

任务导学

网络推广(Web Promotion)是以企业产品或服务为核心内容,建立网站,再把这个网站通过各种免费或收费渠道展示给网民的一种推广方式,网络推广可以得到小投入大回报的效果。

常见的推广方式有整体推广、百度推广等,免费的网站推广可通过论坛、交换链接、B2B平台建站、博客以及微博、微信等新媒体渠道方式。狭义地说,网络推广的载体是互联网,离开了互联网的推广就不算是网络推广。

学习活动一 打造网络推广计划

案例导读

"江小白"公司网络推广案例

一、运营团队:"江小白"公司(即"江小白"酒业有限公司)市场部。

二、营销特点:"江小白"公司几乎从不在主流媒体做广告。除了使用地铁广告营销,"江小白"公司基本没有使用传统的营销方式,在营销中利用得最多的是免费的社交媒体。对于利用互动性很强的社交媒体,"江小白"公司的微博营销显示出几个鲜明的特点。

第一,"江小白"公司擅长文案植入,即将有意思的话题与"江小白"公司的产品联系在一起。

第二,对应自己的品牌形象,"江小白"公司将微博的运营完全拟人化,在所有的热点事件发生时发声,表明自己的态度。

第三,"江小白"公司利用微博互动作为线上工具,组织线下活动,并与线上形成互动,以增强粉丝黏性。

三、除了微博,微信也是"江小白"公司的营销渠道之一。相比微博,微信的私密程度更高。

学习活动来源描述

王东需要将企业新推出的新品校服开展网络营销,重点是进行网络推广。王东的团队商量后决定在网上发布新产品信息,利用站点和无站点等形式进行推广。

学习活动内容

(1) 设计产品网络推广计划。
(2) 在已经注册的网店发布产品及其相关信息。
(3) 进行线上销售,初步运营。

学习活动目的

(1) 掌握网络推广计划的设计方法。
(2) 能在网上发布企业推广活动的信息。
(3) 能够在京东网店上上传产品和其相关信息,并能开展线上销售。

成果形式

策划书、网页文案。

学习活动准备

计算机、互联网、笔、白纸。

学习活动步骤

步骤1:学生以小组为单位开展学习活动,每组6~7人。首先设计网络推广计划。

步骤2:打开IE浏览器,登录京东网站,并在首页的右上侧免费注册账户。

步骤3：登录商家后台，进入首页，按要求更新产品信息，完成产品信息发布。
步骤4：开始网店运营，进行线上销售产品。

学习活动评价

对整个学习活动过程进行评价，特别是对学习活动过程中所取得的成果进行评价。评价主体包括学生本人、学习活动小组，同时指导教师参与评分。网络推广学习活动的评价表如表3.1所示。

表3.1 网络推广学习活动的评价表

评价项目	策划书(20%)	发布信息(20%)	网店内容(40%)	职业素养(20%)
评价标准	A. 结构完整 B. 比较完整 C. 不完整	A. 商品信息真实、准确 B. 商品信息比较真实、准确 C. 商品信息不真实、不准确	A. 内容丰富、实用 B. 内容较丰富、基本实用 C. 内容很少、不实用	A. 积极性强，合作意识强，有创新精神 B. 有团队合作精神，有诚信 C. 应付工作
自己评分				
小组评分				
教师评分				
总得分				

说明：
1. 表格内按百分制打分。
2. 各标准对应的分数范围：A为80～100分；B为60～79分；C为60分以下。

知识链接

1. 网络推广认知

网络营销是以互联网络为手段进行的，为达到一定目的的营销活动。网络推广是网络营销活动实现的途径，是保证网络营销成功的关键，是网络营销的重要部分。当网络营销落实到执行层面的时候，需要网络推广为之服务。因此，网络推广就是利用各种网络推广方法，通过各种免费或收费渠道，使企业产品或服务尽可能让更多的人知道。网络推广可以按照推广范围、推广费用、是否基于站点来分类。

(1) 按推广范围分类，可分为对外推广和对内推广。

① 对外推广

对外推广是指针对网站外潜在用户的推广。它主要是通过一系列手段针对潜在用户进行网络推广，以达到增加网站流量、会员数或收入的目的。

② 对内推广

对内推广是专门针对网站内部的推广，如何增加用户浏览频率，如何激活流失用户，如何增加频道之间的互动等。

(2) 按推广费用分类,可分为付费推广和免费推广。

① 付费推广

付费推广是需要花钱才能进行的推广,如各种网络付费广告、竞价排名、杂志广告等。做付费推广,一定要考虑性价比,即使有钱也不能乱花,要让花的钱产生宣传效果。

② 免费推广

免费推广是指在不用额外付费的情况下就能进行的推广。这样的推广方法很多,如电子邮件推广、软文推广、资源互换推广、新媒体推广等。

(3) 按企业是否基于站点分类,可分为无站点网络推广和基于站点的网络推广。

① 无站点推广

无站点推广是指企业没有自己独立的网站,利用互联网络资源开展营销活动,如网上拍卖、网上开店等。

② 基于站点的推广

基于站点的推广是企业拥有自己独立的网站,其推广方式除了以上方式外,还包括许可邮件推广、竞价排名和搜索引擎优化推广、网络广告推广、口碑推广及视频推广等。

总之,网络推广方法有很多,企业可以根据自身特点和产品特征选择合适的推广方式,无论哪种推广方式都会涉及电子邮件、搜索引擎、社会化媒体等,因此后面章节将着重介绍电子邮件广告推广、搜索引擎关键词推广、软文推广和网络广告推广等。

2. 网络推广计划制订与撰写

(1) 网络推广计划制订步骤

① 制订网络推广计划的目标

做计划一定要有目标,要是计划没有目标,那可能执行到最后都不知道这个计划是否得到了想要的效果,所以目标很重要,是整个计划的大方向。根据网站发展情况及项目整体进度要求,设定合理的推广目标,目标应该由多个参数组成,如独立访客数达到多少,网站排名为多少位,有多少注册用户,等等,目标根据行业及产品类型不同而有所不同。

② 确定网络推广渠道

确定了网站的目标受众群体,接下来需要深入分析这些群体经常在哪些媒介出入,这些媒介就是网络推广的阵地,如网站、QQ、微博、微信等。

③ 选择网络推广方法

根据前期的调查分析,确定推广方法。详细列出你要使用的网站推广方法,如搜索引擎登录推广、博客推广、微博推广、电子邮件推广、QQ 推广、软文推广、网络广告推广等,对每一种方法都要进行分析,找出适合方法并确定具体实施步骤。

④ 确定时间、预算、人员安排

一个确定可执行的方案都需要一个详细的计划进度安排,以促使计划完成。在完成计划内容后,就要考虑计划中的预算问题、活动时间和进度以及相关人员的需求和安排等工作,这都是影响计划完成的关键因素。

(2) 网络推广计划的撰写格式

网络推广计划应包括封面、目录、正文、附录四部分(如图 3.1 所示),其中附录部分可以有,也可以没有,可根据推广活动的需要来选择是否需要附录。网络推广计划的正文是网络推广计划的核心,是计划的主体部分,所以在撰写的时候要多用心思设计,这样才能在网络推广时实现最终目标。

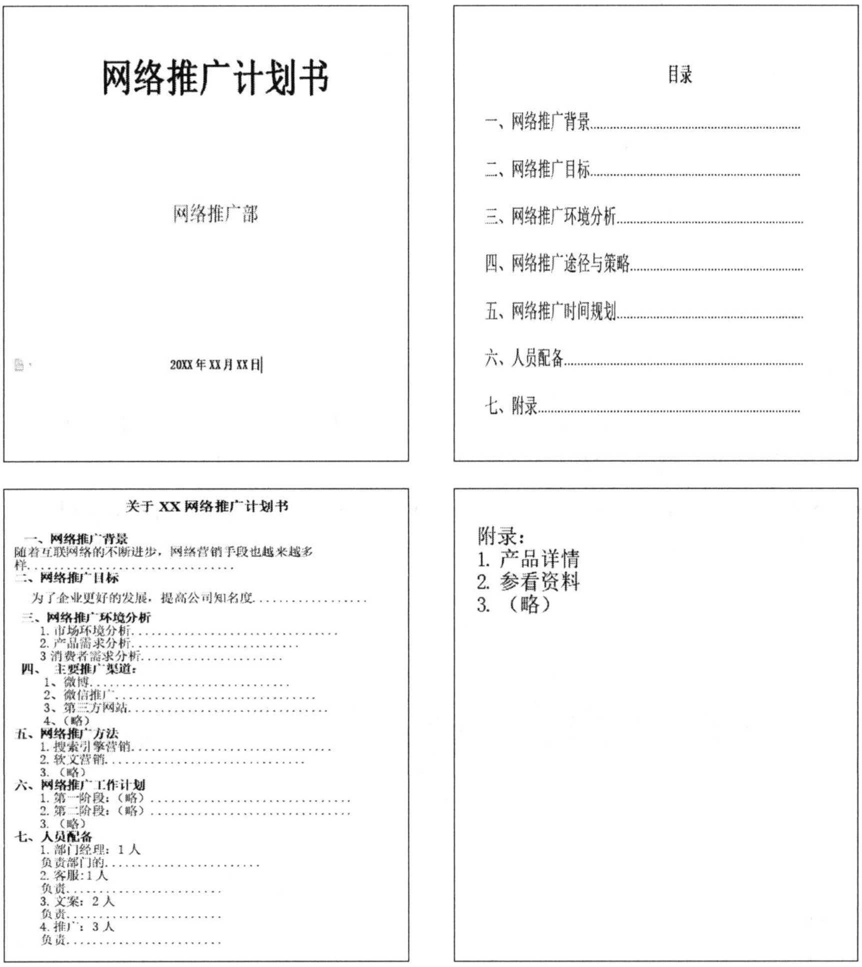

图 3.1　网络推广计划

（3）网络推广计划撰写时应注意的问题

① 网络推广计划的语言要求做到平实、准确、简洁。

② 网络推广计划的文字要简练,篇幅要短小。简单地说,网络推广计划写作要选用简洁的词语,避免用冗长的文字。

3. 网络推广学习活动的内容及步骤

参照京东或"天猫"网站上的某个产品,按照网络推广计划制订步骤和撰写格式,为产品制订一份网络推广计划书。

（1）制订网络推广的步骤；

（2）撰写网络推广计划；

（3）修订网络推广计划。

知识拓展

一、判断题

1. 网络推广就是在网上买产品。　　　　　　　　　　　　　　　（　　）
2. 无站点推广就是不在网上推广。　　　　　　　　　　　　　　（　　）
3. 网络推广能方便消费者购买,保护消费者的隐私。　　　　　　（　　）
4. 网络推广可以完全代替传统推广。　　　　　　　　　　　　　（　　）

二、选择题

1. 网络推广案范围可分为(　　　)。
   A. 市场推广　　　B. 对外推广　　　C. 品牌推广　　　D. 对内推广
2. 网络推广区别于网络营销的是(　　　)。
   A. 网络推广偏重于营销层面　　　　B. 网络推广针对的是目标客户
   C. 网络推广投入比较少　　　　　　D. 网络推广成功的关键是执行力

学习活动二　巧用优化与竞价,提升核心竞争力

宝马公司:从搜索结果到品牌本地化细分

宝马公司使用关键词广告投放策略,并调查用户查询的关键词的组合方式,确保自己产品位于搜索结果的首位。

此外,宝马公司还与搜索运营商进行合作,因为搜索引擎会分IP(互联网协议地址)显示关键词广告。而且,宝马公司联系全美的经销商,对不同的市场进行分析,起到品牌精准宣传的作用。所以,当用户在搜索栏中输入宝马公司的产品后,在结果列表首位出现的是宝马公司美国官方网站,结果列表次位出现的是当地经销商网站。

宝马公司的搜索引擎营销使得品牌的覆盖面大大增加,知名度不断上升,形成较好的品牌形象。通过精细的市场分析,使得推广更加具有针对性。宝马公司统一与搜索运营商合作,降低了不同地点分销商的广告费用。

学习任务三　实施网络推广

学习活动来源描述

某品牌服饰专卖店的网上官方旗舰店将在京东店铺中推出一款夏装校服T恤,以男士休闲类为主。该T恤作为网店引入的一个新产品,在前期主要想通过搜索引擎引流的方式推广。

学习活动内容

(1) 根据产品的名称、属性等提炼关键词,形成产品信息。
(2) 在百度上提交企业网站链接。完成企业网站在搜索引擎的登录。
(3) 在京东后台进行竞价排名设置。

学习活动目的

(1) 了解搜索引擎优化关键词的选取方法。
(2) 掌握搜索引擎营销的目标和方法。
(3) 掌握搜索引擎竞价设置。

成果展示

符合网站规则的标题、关键词搜索在搜索引擎靠前的位置展示。

学习活动准备

计算机、互联网、白纸、笔。

学习活动实施

步骤1:以小组为单位开展学习活动,每组6~7人。注册百度账号,找到提交链接的入口,向百度申请网店网址的链接提交。
步骤2:选取产品关键词,尽量多写出产品的功能属性。
步骤3:参考销售网站上相关产品的类目、属性,搜索下拉列表的关键词、相关搜索,并记录关键词。
步骤4:将所获得的关键词筛选并组合,形成新的产品标题。
步骤5:设定推广计划和推广单元。
步骤6:编写推广创意广告。
步骤7:进行出价设置和其他设置。

学习活动评价

对整个学习活动过程进行评价,特别是对学习活动过程中所取得的成果进行评价。评价主体包括学生本人、学习活动小组,同时指导教师参与评分。在该学习活动中,仅对商品标题优化这一部分进行评价,评价表如表3.2所示。

表3.2 商品标题优化学习活动的评价表

评价项目	撰写关键词 内容(30%)	关键词获取 并组合(30%)	关键词优化 效果(40%)
评价标准	A. 结构完整 B. 比较完整 C. 不完整	A. 多于10个 B. 多于6个 C. 少于3个	A. 非常合理 B. 较合理 C. 不合理
自己评分			
小组评分			
教师评分			
总得分			

说明:

1. 表格内按百分制打分。
2. 各标准对应的分数范围:A 为 80~100 分;B 为 60~79 分;C 为 60 分以下。

知识链接

搜索引擎推广作为一种新的网络推广方式,是一种基于搜索引擎平台而开展的网络营销。它利用人们对搜索引擎的依赖和使用习惯,在人们检索信息的时候将信息传递给目标用户。

1. 搜索引擎工作原理

(1) 抓取网页

每个独立的搜索引擎都有自己的网页抓取程序"爬虫"(Spider)。"爬虫"顺着网页中的超链接,从这个网站爬到另一个网站,通过超链接访问抓取更多网页。被抓取的网页被称之为网页快照。由于互联网中超链接的应用很普遍,理论上,从一定范围的网页出发,能搜集到绝大多数的网页。

(2) 处理网页

搜索引擎抓到网页后,要做大量的预处理工作,这样才能提供检索服务,其中,最重要的就是提取关键词、建立索引数据库和索引。其他工作还包括去除重复网页、分词(中文)、判断网页类型、分析超链接、计算网页的重要度和丰富度等。

(3) 提供检索服务

用户输入关键词进行检索时,搜索引擎从索引数据库中找到匹配该关键词的网页。为了用户便于判断,除了网页标题和URL(网页地址)外,还会提供一段来自网页的摘要以及其他信息。

2. 常用搜索引擎工具的介绍

(1) 全文搜索引擎

全文搜索引擎是目前广泛应用的主流搜索引擎。它的工作原理是计算机索引程序通过扫描文章中的每一个词,对每一个词建立一个索引,指明该词在文章中出现的次数和位置,当用户查询时,检索程序会根据事先建立的索引进行查找,并将查找的结果反馈给用户。这个过程类似于通过字典中的检索字表查找文字的过程。

(2) 分类目录搜索引擎

分类目录搜索引擎是以人工方式或半自动方式搜集信息,由编辑员查看完信息之后,人工形成信息摘要,并将信息置于事先确定的分类框架中,信息大多面向网站。

(3) 元搜索引擎

元搜索引擎是通过一个统一的用户界面,帮助用户在多个搜索引擎中选择和利用合适的(甚至是同时利用若干个)搜索引擎来实现检索操作,能对分布在网络中的多种检索工具进行全局控制。

3. 搜索引擎营销的目标

(1) 被搜索引擎收录。

搜索引擎登录包括免费登录、付费登录等形式。让网站中尽可能多的网页被搜索引擎收录(而不仅仅是网站首页被收录),也就是为了增加网页的搜索引擎可见性。

(2) 在搜索结果中排名靠前。

在被搜索引擎收录的基础上尽可能获得好的排名。因为用户关心的只是搜索结果中靠前的少量内容,如果利用主要的关键词检索时,网站在搜索结果中的排名靠后,那么还有必要利用关键词广告、竞价广告等形式作为补充手段来实现排名靠前。同样,如果在分类目录中的位置不理想,则需要同时考虑在分类目录中利用付费等方式来获得排名靠前。

(3) 增加用户的点击(点进)率。

通过搜索结果点击率的增加来达到提高网站访问量的目的。从搜索引擎的实际情况来看,仅仅做到被搜索引擎收录并且在搜索结果中排名靠前是不够的,这样并不一定能增加用户的点击率,更不能保证将访问者转化为顾客。要通过搜索引擎营销实现访问量增加的目标,需要从整体上进行网站优化设计,并充分利用关键词广告等有价值的搜索引擎营销专业服务。

(4) 将浏览者转化为顾客。

通过访问量的增加转化为顾客的增加才能使企业实现收益的提高。转化是前面三个目标的进一步提升,是各种搜索引擎方法所实现效果的集中体现,但并不是搜索引擎营销的直接效果。从运用各种搜索引擎策略到产生收益,这期间的中间效果表现为网站访问量的增加,网站的收益正是由访问量转化所形成的,从访问量转化为收益则是由网站的功能、服务、产品等多种因素共同作用而决定的。

4. 搜索引擎营销的服务方式

搜索引擎营销的服务方式有搜索引擎登录、竞价排名、搜索引擎优化、网盟推广等。

（1）搜索引擎登录

在网站完成后，想要用户搜索到该网站，需要把所推广的网站提交到搜索引擎目录中，这称为搜索引擎登录，又称提交搜索引擎目录。搜索引擎登录包括免费登录、付费登录等形式。

虽然搜索引擎中有一些允许用软件自动提交新的网站，但是多数情况下，手工提交才有可能保证提交成功，但不能保证提交成功后就会得到较好的排名。以百度为例，介绍提交搜索引擎的步骤。

① 注册百度账号

a. 在百度页面中找到"注册"，单击右上方的"注册"链接进入注册页面，如图3.2所示。填写手机或邮箱号，输入密码和验证码，单击"注册"按钮，注册成功后需要在邮箱激活账号，如图3.3所示。

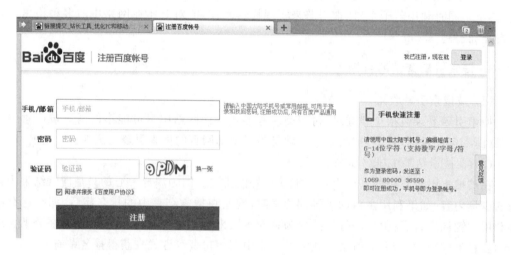

图3.2　注册百度账号

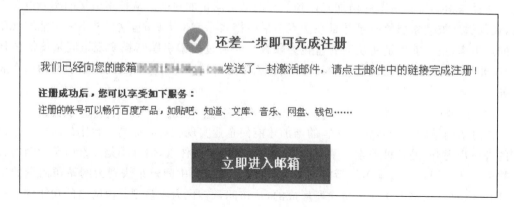

图3.3　百度账号发送的激活邮件

b. 单击图 3.3 中的"立即进入邮箱"按钮,或者直接登录邮箱,打开百度发来的主题为"百度账号-账号激活"的邮件,单击邮件中的链接,激活账号,如图 3.4 所示。

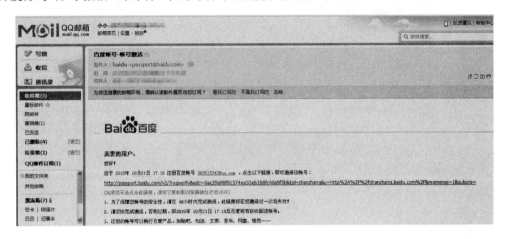

图 3.4　激活百度账号

c. 完成激活的操作后,进入成功注册百度账号的提示页面,如图 3.5 所示。

图 3.5　激活百度账号成功

② 登录百度账号

单击百度站长平台右上角的登录链接(如图 3.6 所示),进入登录页面,输入账号、密码和验证码。然后单击"登录"按钮,完成登录操作,如图 3.7 所示。

图 3.6　登录百度账号首页

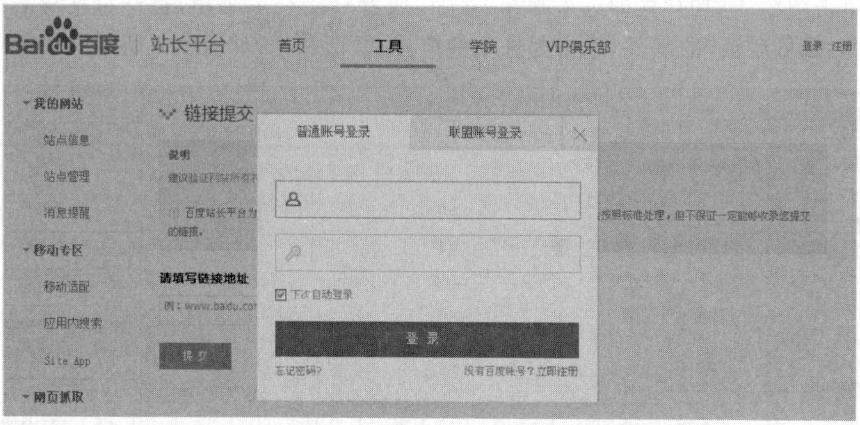

图 3.7　账号登录

③ 提交网站网址

a. 登录成功后,在"请填写链接地址"的文本框中输入你要提交的网站网址,然后单击"提交"按钮,如图 3.8 所示。

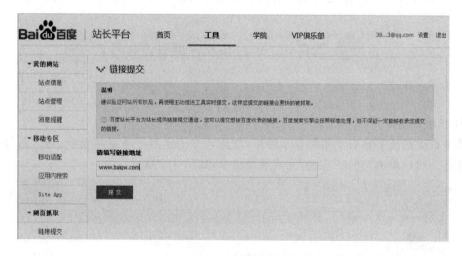

图 3.8　提交网址

b. 完成图 3.8 中所示的操作后,会出现一个提示你提交成功的页面,如图 3.9 所示。

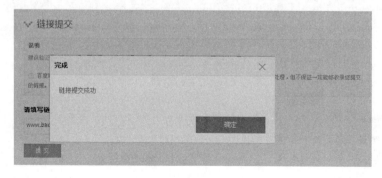

图 3.9　完成提交

④ 查看提交的网站是否被收录

查看百度是否收录了你的网站,可在搜索文本框中输入"site:网址",然后按回车键。例如,想查看刚提交的网站和淘宝网是否被百度收录,可分别在搜索文本框中输入"site:www.baiqw.com"和"site:www.taobao.com",然后按回车键,出现如图 3.10 和 3.11 所示的页面。图 3.10 显示的结果表示刚提交的网站未被收录,图 3.11 显示的结果表示淘宝网站有 155 个网页被百度收录。

图 3.10　提交结果查询 1

图 3.11　提交结果查询 2

(2) 竞价排名

竞价排名是指网站付费后才能被搜索引擎收录,付费越高者排名越靠前。竞价排名服务是指客户为自己的网页购买关键字排名后,按点击量付费的一种服务。客户可以通过调整每次点击付费的价格,控制自己在特定关键字结果中的排名,并通过设定不同的关键字捕捉到不同类型的目标访问者,图 3.12 所示即为竞价排名的展现形式。

图 3.12　竞价排名的展现形式

搜索引擎竞价排名设置包括推广平台搭建、推广计划设置、关键词创意出价等过程。以百度推广平台为例,对此进行说明。

a. 推广计划是对推广目标的一个大的分类,主要是为了方便管理推广关键词和为实现不同的推广目的而推出的。百度账号的推广计划都清楚明了、富有条理,则对排名和管理都有帮助。百度推广计划设置如图 3.13 所示。

图 3.13　百度推广计划设置

b. 推广单元是继推广计划之后的另一个大的分类,下面直接管理推广关键词。一个推广计划里面可以包含很多的推广单元,一个推广单元里面设置了很多关键词。之所以要建立推广单元,是由于推广计划不能一次就彻底地把关键词分得很明确,推广单元的再一次归类可使关键词的分类更为明确,进而也使得账户里的内容更加清晰。新建推广单元如图 3.14 所示。

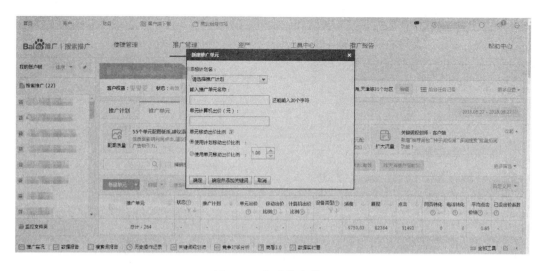

图 3.14　新建推广单元

c. 填写关键词。在创意栏目中填写一个和产品和服务相关的关键词,目的是让网民通过这个关键词找到企业。

d. 编写推广创意广告。广告内容包括标题和描述两部分。标题:写一个吸引客户点击的题目,目的是让网民一目了然,知道企业的服务,吸引他们点击。描述:撰写产品和服务的一段话,目的是让网民进一步了解企业的产品和服务,并对推广内容进行简单介绍。

e. 设置链接网址。描述完成后,填写企业网址,便于网民点击进入企业网站。

f. 设置出价。为推广的关键词设定出价,最好点击价格不会超过所设置的出价。在百度推广中出价在推广计划和推广单元中都可以设置。

g. 完成账户其他设置,如企业推广账号里需要投放的资金预算和投放产品的地域、投放时段等。

(3) 搜索引擎优化

搜索引擎优化是指通过对网站进行优化设计,使网站信息在自然搜索结果中靠前显示。搜索引擎优化作为一种免费的推广方式,在搜索引擎推广中占有重要地位,搜索引擎优化涉及的内容很多,主要包括网站内容优化、关键词优化、外部链接优化、内部链接优化、代码优化、图片优化等。

① 常见的搜索引擎优化工具

常见的搜索引擎优化工具包括百度指数、站长工具、爱站等。下面介绍两个优化工具。

a. 百度指数

百度指数是以百度网民行为数据为基础的数据分享平台,可以研究关键词搜索趋势、洞察网民的兴趣和需求、监测舆情动向、定位受众特征等。用户可以通过百度指数分析某个关键词在百度中的搜索规模、涨跌态势以及相关的新闻趋势等,从而为企业选择关键词提供参考。百度指数的界面如图 3.15 所示。

图 3.15　百度指数的界面

b. 站长工具

站长工具(如图 3.16 所示)是站长之家(如图 3.17 所示)旗下面向网站站长的网站优化工具,站长工具可支持域名/IP 查询、网站信息查询、SEO 查询、权重查询等功能。以站长工具的"关键词挖掘功能"为例进行介绍。

图 3.16　站长工具

在站长工具界面的"SEO 查询"下可以看到"关键词挖掘"选项,单击进入该界面,可进行相关关键词的挖掘。例如,对"电子商务培训"这个关键词进行挖掘时,会得到相关的搜索结果如图 3.18 所示。

图 3.17 站长之家

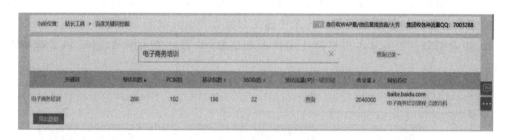

图 3.18 关键词挖掘的结果

② 搜索引擎优化策略

a. 关键词内容调查和编写

关键词是搜索不尽、查找不完的。一般来说,调查越深入,发现的关键词越多,尽量在允许的时间内对这些关键词进行进一步的分析和研究。反复此过程,最后才能确定关键词。需要为选定的每个关键词都产生一个单独的页面,即一个关键词一个页面,这意味着一个网站要产生无数页面。

b. 网站内容排版

这部分工作的目的是提高主页的页面等级(PR)。理论上来讲,网站的每个页面都应拥有自己的外部链接和页面等级值,但实际上,这不仅不可能,而且也没有必要。简单来说,随着主页的点击次数的提高,其页面等级值反而会降低。

c. 外部链接建设

这是搜索引擎优化策略中最难的部分,不仅需要投入大量精力,更需要发挥创意。获得外部链接的方式:交换友情链接;购买单向链接;增加网站创意与特色。

(4) 网盟推广

网盟推广是指利用一种能够精准投放的联盟广告来进行网络推广,其收费模式分按点击量收费和按展现量收费两种方式。通过分析受众的自然属性(地域、性别)、长期兴趣爱好和短期特定行为,将企业推广的信息以固定、贴片、悬浮等丰富多样的创意形式展现给网民,以帮助企业获取更多的订单。常见的网盟有百度网盟、淘宝网盟、搜狗网盟等。

知识任务

判断题

1. 搜索引擎是指根据一定的策略、运用特定的计算机程序从互联网上搜集信息,再对信息进行组织和处理后,为用户提供检索服务,将用户检索的相关信息展示给用户的系统。
                                                                    (   )
2. 搜索引擎的功能是在互联网中漫游,发现和搜集信息。   (   )
3. 同一关键词用不同的搜索引擎查询时,搜索结果相同。   (   )
4. 搜索引擎营销是指基于搜索引擎平台,利用人们对搜索引擎的依赖和使用习惯,在人们检索信息的时候尽可能将营销信息传递给目标客户。   (   )
5. 搜索引擎营销的基本思想是让用户发现信息,并通过进入网站,进一步了解所需要的信息。   (   )

学习活动三　致会员一封专属订阅邮件

案例导读

"7天"连锁酒店结合电子邮件营销推出"7天会"会员俱乐部

"7天会"是"7天"连锁酒店的会员俱乐部,拥有多达7 000万的会员,是中国经济型酒店中规模最大的会员体系。为了更好地进行会员维护,提高品牌黏性,"7天会"推出了多项会员专享服务,还有丰富的会员积分奖励计划。邮件列表是"7天会"和会员进行联络的重要方式。品牌推广、优惠活动、会员联谊等活动丰富多彩,不断强化用户对"7天"品牌的认识。在发给会员的一封封邮件中,可以发现"7天"连锁酒店的电子邮件营销的功力深厚。从邮件主题的设计到邮件内容的选择、软文的书写、邮件版面的编排,再到邮件发送频率和时机的掌控,都恰到好处地戳中了用户的兴趣点和需求点,这使其营销转化率保持在较高水平。

另外,"7天"连锁酒店综合运用线上线下多种方式重点推广会员制,不断地进行会员资料更新和细化分析,这在一定程度上使得许可邮件营销的内容能够更具个性化和针对性的营销效果。

学习活动来源描述

某品牌服饰专卖店就推广校服的任务召开了管理层会议,要求缩减推广费用并保证能够快速把产品信息发送给客户,同时要确保发送信息的有效性。会后,身为销售部主管的王东组织各部门成员集体讨论,最后大家认为可以针对原有老会员,通过使用群发的方式开展许可邮件营销,以完成该项工作任务。

学习活动内容

(1) 策划许可邮件营销方案。
(2) 收集和整理电子邮件地址。
(3) 创建电子邮件列表。
(3) 编写电子邮件内容。
(4) 完成电子邮件群发。

学习活动目的

(1) 掌握许可邮件营销中电子邮件的格式和要求。
(2) 掌握许可邮件营销的操作方法。
(3) 掌握收集电子邮件地址的方法。

学习活动准备

计算机、互联网、笔、白纸。

学习活动实施

该学习活动以小组为单位开展,每组6~7人。

步骤1:电子邮件内容的设计。
① 注册并登录电子邮箱,如图3.19所示。下面以网易邮箱为例,进行说明。
② 编写邮件内容,如图3.20所示。

步骤2:建立电子邮件列表,收集和整理电子邮件地址。
① 打开浏览器并登录已有的邮箱账户,点击菜单栏的"通讯录"按钮,如图3.21所示。
② 单击左侧菜单栏中最下方的"邮件列表",如图3.22所示。

图 3.19 登录电子邮箱

图 3.20 编写邮件内容

图 3.21 点击"通讯录"按钮

图3.22 点击"邮件列表"

③ 点击右侧的"创建邮件列表"按钮,如图3.23所示。

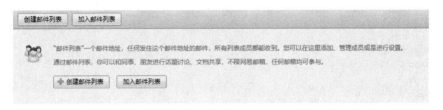

图3.23 点击"创建邮件列表"

④ 输入邮件列表的详细情况,包括邮件列表的账号、名称、分类、描述以及隐私设置等,点击下方的"创建邮件列表"按钮即可创建,如图3.24所示。

图3.24 输入邮件列表的详细情况

步骤3：完成邮件群发。

① 在收件人中输入传送对象的邮箱地址，然后输入主题及正文内容，点击发送即可。同时，也可以点击右上角的"群发单显"，将邮件一对一地发送，如图3.25所示。

图 3.25　邮件群发

② 查看反馈报告

可以通过查看反馈报告来确认电子邮件是否发送成功和是否有新电子邮件，如图3.26所示。

图 3.26　查看反馈报告

成果形式

电子邮件内容。

学习活动评价

对整个学习活动过程进行评价，特别是对学习活动过程中所取得的成果进行评价。评价主体包括学生本人、学习活动小组，同时指导教师参与评分。许可邮件营销学习活动的评价表如表3.3所示。

表 3.3 许可邮件营销学习活动的评价表

评价项目	邮件模板(40%)	形成的邮件列表(20%)	邮件用户整理(20%)	邮件发送情况记录(20%)
评价标准	A. 非常实用 B. 实用 C. 不实用	A. 结构完整 B. 结构比较完整 C. 结构不完整	A. 非常实用 B. 实用 C. 不实用	A. 非常客观、真实 B. 较客观、真实 C. 不客观、不真实
自己评分				
小组评分				
教师评分				
总得分				

说明：

1. 表格内按百分制打分。
2. 各标准对应的分数范围：A 为 80～100 分；B 为 60～79 分；C 为 60 分以下。

知识链接

1. 邮件许可营销

普通的电子邮件营销通常也称为邮件列表营销。而邮件许可营销是在用户事先知晓并许可的前提下，通过电子邮件的方式向目标用户传递价值信息的一种网络营销手段。

2. 电子邮件格式

（1）电子邮件的书写格式

电子邮件的格式包括收件人、抄送人、主题和内容四部分，如图 3.27 所示。

图 3.27 电子邮件的格式

① 收件人

a. 确认传送讯息的对象。

b. 核对传送对象是否正确,书写书否无误。

② 抄送人

a. 在必要情况下,抄送给需要知情的人。

b. 抄送人员要明确,一般不抄送给客户,并且要确保抄送人员精准。

③ 主题

主题要明确、精炼并有吸引力,可以用最简洁的语言来描述内容,让人容易看懂,这样有利于对方快速了解和记忆。

④ 内容

一般电子邮件内容中包括称呼、正文、结束语和落款签名四部分,内容这一部分是在邮件沟通中必不可少的主要部分。

a. 称呼。可根据对方的名字、性别、职务等进行称呼,如××先生、××女士、××总经理、××董事长。

b. 正文。正文要做到主题鲜明、语言通顺、简明扼要。

c. 结束语。结束语最好要给对方一些好的选择和指导方向,如请您考虑后有问题向我咨询,请电话或 E-mail 给我。表示诚意的话也可放在结束语部分,如期待与您的合作。

d. 落款签名。落款签名可说明公司、部门、日期等相关信息。

3. 邮件许可营销技巧

有效的邮件许可营销必须具备 3 个条件:用户许可,使用电子邮件传递信息,信息对用户有价值,这三者缺一不可。在邮件许可营销中,要想设计好邮件列表,网站注册和邮件地址获取模块一定要成为公司网站的核心内容。在公司网站的每个页面都可以设置获取添加电子邮件页面的功能,需要注意以下 3 点。

① 在公司网页设置用户在线注册填写的表格,建议用户仅填写姓名(或昵称)和电子邮件地址,申明注册成功后可享受优惠或者奖励。

② 设计确认注册表格信息的方法。一旦用户提交注册表格,立即给用户发送电子邮件,并在电子邮件中显示用户注册时填写的信息,请用户在邮件中确认填写的注册表格信息。

③ 设计确认用户成功注册的邮件回复信息,以向用户表示感谢。

4. 电子邮件群发

电子邮件群发是进行邮件许可营销的重要手段,也是最直接有效的推广方式之一。邮件许可营销属于主动式的营销方式,相对其他营销方式更具有主动性。

(1) 电子邮件群发前电子邮件资源的收集

① 充分利用网站的推广功能。网站本身就是很好的宣传阵地,利用自己的网站为邮件列表进行推广。在首页设置订阅框并使之出现在显眼的位置,以增加被用户看到的可能性。如果可能,最好再设置一个专门的邮件列表页面,其中包含样刊或者已发送的内容链接、法

律条款、服务承诺等,这可以让用户不仅对于邮件感兴趣,并且有兴趣加入。

② 合理挖掘现有用户的资源。在向用户提供其他信息服务时,不要忘记介绍最近推出的邮件列表服务;

③ 提供部分奖励措施。例如,可以告知用户,某些在线优惠券只通过邮件列表发送,对于某些研究报告或者重要资料也需要加入邮件列表后才能获得。

④ 可以向朋友、同行推荐。如果对邮件列表内容有足够的信心,可以邀请朋友和同行订阅,获得业内人士的认可是一份邮件列表发挥其价值的表现之一。

⑤ 请求其他网站或邮件列表进行推荐。正如一本新书需要有人写一个书评一样,一份新的邮件列表如果能够得到相关内容的网站或者其他网站或邮件列表的推荐,会对增加新用户有一定的帮助。

⑥ 为邮件列表提供多个订阅渠道。如果采用第三方提供的电子发行平台,且该平台有各种电子刊物的分类目录,不要忘记将自己的邮件列表加到合适的分类中去,这样除了在自己网站为用户提供订阅机会之外,还可以在其他的电子发行平台上让用户发现你的邮件列表,增加潜在用户了解的机会。

⑦ 请求邮件列表服务商进行推荐。如果采用第三方的专业邮件列表发行平台,可以取得发行商的支持,在主要页面进行重点推广。在一个邮件列表发行平台上,通常有数以千计的各种邮件列表,网站的访问者不仅是各个邮件列表的经营者,也有大量用户。

(2) 电子邮件群发应注意的问题

① 标题一定不要空白。

② 标题要简短,不宜过长。

③ 最好写上"来自××公司的邮件",便于对方了解邮件来源,又便于对方留存,时间可以不用注明,因为一般的邮箱会自动生成,写了反而累赘。

④ 标题要能真实反映邮件的内容和重要性,切忌使用含义不清的标题,如"王先生收"等,也不能用无实际内容的主题,如"嘿!"或"收着!"等。

⑤ 一封邮件尽可能只针对一个主题,不在一封邮件内谈及多件事情。

⑥ 可适当用使用大写字母或特殊字符(如"＊""!"等)来突出标题,引起收件人注意,但应适度,特别是不要随便用"紧急"之类的字眼。

⑦ 回复对方邮件时,应当根据回复内容的需要更改标题。

⑧ 标题千万不可出现错别字和不通顺之处,切莫只顾检查正文,而在发出前忘记检查标题。标题是给别人的第一印象,一定要慎之又慎。

一、判断题

1. 垃圾邮件是客户可以拒绝的邮件。　　　　　　　　　　　　　　　(　　)
2. 电子邮件营销通常也被称为邮件列表营销。　　　　　　　　　　　(　　)
3. 在"病毒"营销当中最好的例子是电子邮件营销。　　　　　　　　　(　　)

二、选择题

1. 收集邮件地址的方法有（　　）。
   A. 直接购买　　　　　　　　　　B. 在本公司网站设置邮件列表
   C. 老客户邮件地址　　　　　　　D. 合作交换的邮件地址
2. 垃圾邮件营销与许可邮件营销在收益性方面的区别有（　　）。
   A. 垃圾邮件营销无受益
   B. 垃圾邮件营销长期受益
   C. 垃圾邮件营销的邮件会直接被删除
   D. 垃圾邮件营销可实现自动化销售

学习活动四　做个不像广告的软文

案例导读

软文一

都说女人的奢侈品有三样：香水、包和鞋子。每一个有品位的女人都应该在这三个地方下功夫，就算只有一套衣服，如果能搭配合适的包和鞋子，也能变化出不同的风情。我最不能抗拒的就是包，不管是在逛街的时候还是在逛淘宝的时候，我都喜欢看包，其实我的包比衣服还要多，可我还是没有办法抗拒各种好看的包。

软文二

某皮具网店在进行五一出游生活"包"夺目的活动。偷偷告诉大家，金圣斯皮具网店全场促销，赔本赚信誉，超强促销，具有不断的惊喜。喜欢的女孩们赶紧去店里看看吧，相信大家一定能找到心仪的"包"贝！

以上软文中多次出现"包"这个关键词，这样在宣传时可以起到引起阅读者关注的作用。

学习活动来源描述

王东所在的品牌服饰专卖店与"天猫"主营某品牌的网店共同推出新款校服，要求王东的团队创作一篇软文，要求该软文既能结合"天猫"网店的特质，又要能凸显商品的特色，并将创作的软文于"双十一"购物节来临之际在新媒体平台进行投放。

学习活动内容

(1) 对网店的营销环境进行分析。
(2) 确定网店特定的购买者。
(3) 针对"双十一"购物节活动在新媒体平台上投放软文。

学习活动目的

(1) 掌握软文写作的方法。
(2) 掌握软文优化的方法。
(3) 掌握软文投放的步骤及技巧。

成果形式

软文内容。

学习活动准备

计算机、互联网。

学习活动步骤

该学生活动以小组为单位开展,每组6~7人。
步骤1:根据学习活动要求分析网店所处的营销环境。
步骤2:找出营销的受众,找到营销的突破口。
步骤3:设计好软文的标题、关键词。
步骤4:打开Word,编辑软文。
步骤5:对软文进行标题优化、关键词优化。
步骤6:在主流论坛上注册账号,选择适当的版块进行软文投放。
步骤7:周期性地对软文进行增删改查,并反复投放。

学习活动评价

对整个学习活动过程进行评价,特别是对学习活动过程中所取得的成果进行评价。评价主体包括学生本人、学习活动小组,同时指导教师参与评分。商品推广软文写作学习活动的评价表如表3.4所示。

表3.4　商品推广软文写作学习活动的评价表

评价项目	软文写作(50%)	软文优化及应用(25%)	职业素养(25%)
评价标准	A. 信息合理、完整 B. 信息比较合理、完整 C. 信息不合理、不完整	A. 优化合理,投放力度适当 B. 优化完整,投放论坛过度 C. 优化不完整,投放力度过大	A. 文案编辑能力很强 B. 文案编辑能力一般 C. 文案编辑能力差
自己评分			
小组评分			
教师评分			
总得分			

说明：

1. 表格内按百分制打分。
2. 各标准对应的分数范围：A为80～100分；B为60～79分；C为60分以下。

知识链接

1. 软文认知

（1）软文的定义

软文是指企业花钱在报纸或杂志等宣传载体上刊登的纯文字性的广告。这种定义是早期的一种定义，即软文就是付费文字广告。广义的软文指企业在报纸、杂志、网络等宣传载体上刊登的，可以提升企业品牌形象和知名度和促进企业销量的一些宣传性、解释性文章，包括特定的新闻报道、付费短文广告、案例分析等。有的电视节目会以访谈、座谈方式进行宣传，这也归为软文。

2. 软文写作

（1）收集资料

在撰写软文之前要先收集与产品相关的资料，包括产品特征、产品的需求对象、购买产品的动机等。通过分析和掌握以上信息确定出软文的核心关键词，这是软文写作的基础和出发点。例如，对于纯银对戒，首先是要考虑产品是银的、对戒，需求对象是年轻人、情侣或夫妻，购买动机是为了纪念、爱情等。

（2）寻找卖点与话题

① 关注热点事件

新闻、社会热点讲述的是社会上每天发生的事情，具有较强的时效性和关注度，在这些热点中，我们可以找到很多的及时有效的信息，而且消费者每天都会在网上浏览关心的热点事件。如果将这些热点穿插在软文中，就是一个很好的切入点，例如，对于纯银对戒产品，可以找一些明星的爱情新闻，以蹭他们的热点来宣传。

② 挖掘消费者与产品的关联知识内容

从消费者的角度去发现话题，消费者对产品的需求或产品给消费者带来的实际利益都是一个好的话题。能够提出一个从消费者角度出发的话题，必定会引起消费者的关注和共鸣,例如,对于纯银对戒产品,可以找一些产品相关的知识来宣传。

③ 构思与酝酿创意

根据关键词和卖点话题,确定一个的软文创意。也就是把之前收集的资料中消费者和产品的信息和近期的热点话题结合起来,形成一个符合消费者关注点的想法。这个创意可以是自己原创的,也可以是借鉴他人文章的,但一定不能照搬照抄,要尽可能做到原创,即使不能保证原创,也要做到伪原创。

编写软文主要从以下三个方面来构思:首先,需要确定向谁推广,即软文的传达目标;然后,需要确定推广什么,即消费者对产品的需求以及消费者的关注点;最后,需要确定怎么推广,即在将信息有效传递给目标受众的同时,潜移默化地植入产品。

④ 软文选题设计

对于软文选题设计方面主要考虑的是关注点能够吸引目标客户,因此在设计选题时候,设计者会把重心集中在标题的设计上,让读者看到标题就有兴趣读下去,但也不能只注重标题,要尽可能把关键词植入标题或内容中,且标题语言要简洁明了。下面介绍标题的几种形式:

a. 悬念式标题。悬念式标题也可以叫设问式标题。它的核心是提出一个问题,然后围绕这个问题自问自答,如"人类可以长生不老吗""什么使她重获新生""牛皮癣可以治愈吗"等。通过设问引起话题和关注是这种方式的优势,但是提出的问题必须要有吸引力,答案要符合常识。

b. 故事式标题。故事式标题通过讲一个完整的故事带出产品,使产品的"光环效应"和"神秘性"给消费者心理带来强暗示,使销售成为必然,如"1.2亿买不到的秘方""神奇的植物胰岛素""印第安人的秘密"等。讲故事不是目的,背后的产品线索是软文的关键。听故事是人类最古老的知识接受方式,所以故事的知识性、趣味性、合理性是软文成功的关键。

c. 情感式标题。情感一直是广告的一个重要媒介,软文的情感表达由于信息传达量大、针对性强,更可以让人心有触动,如"老公,烟戒不了,洗洗肺吧""女人,你的名字是天使""写给那些战'痘'的青春"等。情感最大的特色是容易打动人,容易走进消费者的内心,所以情感营销一直是营销中常用的方式。

d. 恐吓式标题。恐吓式标题属于反情感式诉求,情感诉说美好,恐吓直击软肋,如"高血脂,瘫痪的前兆""天啊,骨质增生害死人""洗血洗出一桶油"等。实际上,恐吓形成的效果要比赞美和关爱更具备记忆力,但是这也往往遭人诟病,所以一定要把握好度,不要过度。

e. 促销式标题。促销式标题包括"北京人抢购×××""×××在香港卖疯了""一天断货三次,西单某厂家告急"等。

⑤ 编写软文内容

软文写作之中最重要的是编写软文内容,一篇好的内容是读者能够认真看下去的必要条件。内容是软文的核心、灵魂。所以写好软文最重要的就是把软文的内容写好,软文的内容要有以下三个特点:实用、有创意、易懂。

a. 实用。内容对读者来说要有价值、有用处,能够给读者带来帮助。内容不必追求用词华丽,关键是要能够给读者带来价值。

b. 有创意。如果内容比较新颖,让读者眼前一亮,容易引起读者的好奇心。

c. 易懂。内容写得不要太高深,写的让读者明白你写作的意思就行了。

⑥ 软文写作技巧

a. 标题不宜过长。

标题一般为12~15个字,不要把标题弄得过长,这样读者不好记忆,还会产生厌倦心理。例如,对于"2015年1月3日老婆带我去岳母家看到了一只美丽的天鹅"这个标题,它就太长了。切记不要只关注标题规定的字数,而忘了标题本身的内涵,一个好的标题一定是精而短的。在设计软文标题时可尝试插入具有吸引力的词,如免费、劲曝、秘诀等。

b. 适当结合当前热门事件和话题。

在写标题时,适当结合当前的热门事件和话题,会让你的软文得到意想不到的效果。切记把握好度,在结合热门事件和话题写标题时,要与内容相吻合,否则就变成了"标题党"。

c. 要戳中用户的痛点。

所谓痛点,就是指用户心中的不满、愤慨和伤心处等。因为只要戳中用户的痛点,就会使用户心中泛起涟漪,让用户感同身受,更好地吸引用户点击。例如,一个肥胖的女生可能看到任何减肥的信息都会两眼放光,不由自主地点进去看。由此可见,写标题时用点小技巧是特别容易成功的。

d. 巧妙利用疑问、反问句式。

对于软文标题,可以多用疑问句和反问句,从而引起读者的好奇心,巧妙地在标题上"卖关子",可以引起读者的好奇心,激发其阅读欲望。结合网络热点来设置悬念是比较常用的做法。例如,"'睢'怎么读?"这一广告刊登后,立即引起热议。

e. 将广告内容自然融入。

在软文中能自然植入广告内容是一件不容易的事情,这需要软文写手费尽脑筋,使读者读起来看不出广告的痕迹,而且还受益匪浅。如果你的软文为他们提供了不少帮助,那么这个软文就成功了。如果软文的写作能力不是很强的话,最好把产品广告放在开头第二段,使读者被第一段吸引之后掉进广告的陷阱。如果有高超的写作技巧,广告可以放在最后,只要软文内容吸引人,读者就一定会看到最后。

f. 融入关键词。

只有融入关键词,搜索引擎才能更好地判断其软文的主题与相关性,用户才能通过标题更精确地找到自己所需要的内容,当然这最后还得从消费者的角度进行考虑。

3. 常用软文推广渠道选择

(1) 利用论坛发布软文

利用论坛发布软文是指利用论坛,通过文字、图片、视频等发布企业的产品和服务的信息,达到宣传企业的品牌,增加企业消费者数量等目的。选择适合的版块,选择高权重论坛平台,注册多个账号有利于软文的快速和有效传播。

(2) 利用微博发布软文

微博是一种热门的网络营销方式,通过微博每天发布新的内容就可以与大家交流。利用微博发布软文的方式没有门槛,每一个人都可以在新浪、腾讯、网易等网站上注册一个微博号,发布信息,与网民互动,取得关注度。例如,"凡客体"曾在微博上疯传,引发众多微博争相效仿。起初,这只是个常规广告,被挂在很多城市的公交车站牌上,但没有想到的是,这则广告却以网民再创作的形式疯狂传播。几乎一夜之间,整个微博都在用"凡客体"作为标

学习任务三 实施网络推广

签,网民之间互相发送"凡客体"名片也成为一种时尚,这种微博群体的集中推广使很多网民找到了发泄口,从而使凡客也成为微博上一时间最响亮的名字。

(3)利用问答平台发布软文。

利用问答平台发布软文既能与消费者互动,又能植入商家广告。利用问答平台发布软文时需遵守问答平台(百度、搜狗、天涯、知乎等)的发问或回答规则。巧妙地运用利用问答平台发布软文,可让自己的产品口碑、服务口碑植入问答中,达到很好的传播效应。

利用问答平台发布软文也是推广外链的一个好办法,一般采取自问自答的方法,在问答平台上答复问题时加上外链会显得更加真实有理。需要注意的是,企业在答复别人问题是不要出现文不对题的状况,不要掺杂敏感语言和违法信息,否则将不能通过平台的审核。企业在回复问题时,不但可以发外链,还可以直接在最后放置电话号码、微信、QQ等联系方式。

(4)利用即时通信软件发布软文。

利用即时通信软件(微信、腾讯QQ等)发布软文是通过信息分享的形式和手法来发布软文。

一、判断题

1. 标语可以用作软文标题,但是软文标题不一定可以直接用作标语。   (   )
2. 在软文投放中禁止对同一篇软文一稿多投。   (   )
3. 网络软文以纸质媒体为主,是静态的。   (   )

二、选择题

1. 软文包括(   )。
A. 广告   B. 有偿新闻   C. 公关新闻   D. 无偿新闻
2. 软文可以与(   )以及签名档、回答、词条、短信等进行营销推广。
A. 网页   B. 邮件   C. 微博   D. 留言板

学习活动五　利用论坛"帖"打造品牌

一周热点:"小黄车"凉了,但这几款SUV火了

前段时间小黄单车发展形势不太好,如果说共享单车是因为中国国情而消失的话,那么

75

共享汽车发展不好绝对是自身原因造成的。毕竟开过共享汽车的人都能感受到,每辆车外观都损坏严重,看起来像出过大事故。所以说,共享汽车本身就不靠谱,还是不如有辆自己专属的车来得实在。而要选车买车,就不能不说以高性价比著称的自主品牌车型,今天我们选择了三款人气火爆的10万元级别的SUV,让我们一起来探究谁才是专属车型明智之选。

以上的内容是企业为了通过蹭热度话题,引出自己的汽车产品而写的帖子,这是论坛营销的方式之一,这些的帖子自然而真实,容易让人接受。

学习活动来源描述

王东所在的企业觉得销售业绩还有很大上升空间,觉得网上商城网络人气不够,于是要求销售部和推广部联合,要求在一个月内提高企业网上商城的美誉度,将网上商城的有效注册用户由100人提升到10 000人。推广部的小语最近很喜欢在论坛看帖子,于是她觉得可以利用论坛发帖的方式提升商城的人气。

学习活动内容

(1)拟定论坛营销活动。
(2)注册搜狐、新浪和天涯论坛账号。
(3)开展论坛营销活动。

学习活动目的

(1)掌握论坛营销活动方案的撰写方法。
(2)掌握论坛营销的方法和技巧。
(3)掌握提升网站、网店知名度的方法。
(4)掌握树立网站良好的产品形象,提升产品美誉度的方法。
(5)掌握提升网络曝光率,提高用户活跃度,促进会员成交量的方法。

成果形式

活动策划书、论坛发帖内容。

学习活动准备

计算机、白纸、笔。

学习活动步骤

学生以6~7人为一组开展学习活动。
步骤1:注册搜狐、新浪、天涯论坛的账号。

步骤2:确定开展论坛营销活动的时间。

步骤3:设计论坛营销活动的主题。

步骤4:撰写论坛营销活动的帖子,确定推广的网站(包括新浪、搜狐、天涯等)。

步骤5:把活动帖子发布到各论坛网站上。

步骤6:回帖与跟帖。

步骤7:总结论坛营销效果。

学习活动评价

对整个学习活动过程进行评价,特别是对学习活动过程中所取得的成果进行评价。评价主体包括学生本人、学习活动小组,同时指导教师参与评分。论坛营销学习活动的评价表如表3.5所示。

表3.5 论坛营销学习活动的评价表

评价项目	论坛活动设计(20%)	论坛注册(40%)	发帖内容(40%)
评价标准	A. 结构完整 B. 比较完整 C. 不完整	A. 论坛选择合理,信息完善,名字准确 B. 论坛选择比较合理,论坛信息较完善,名字较准确 C. 论坛选择不合理,论坛信息不完善,名字不准确	A. 逻辑性强,准确,非常吸引顾客 B. 逻辑性较强,较准确,较吸引顾客 C. 逻辑性不强,不准确,不吸引顾客
自己评分			
小组评分			
教师评分			
总得分			

说明:

1. 表格内按百分制打分。
2. 各标准对应的分数范围:A为80~100分;B为60~79分;C为60分以下。

知识链接

论坛营销是以论坛为媒介,通过文字、图片、视频等发布产品和服务的信息,建立企业的知名度的网络营销手段。论坛营销的优势集中表现为三个方面:第一,可以增加品牌曝光率,提升知名度;第二,投入少,见效快,针对性强,操作简单;第三,适用范围广,容易取得利润。

1. 论坛营销内容

论坛营销的不同在于它特有的互动方式。在营销模式中,人与人之的交流十分重要,论坛营销可以根据自身产品的特性,选定目标客户,以特有的企业文化来加强互动,其形式新颖多样,避免了传统营销模式的老套单一。在进行论坛营销时,包括以下营销内容:筛选人气论坛,注册与登录论坛,编写论坛发帖内容以及发帖、回复等方面。下面具体介绍论坛营销的主要内容。

(1) 筛选人气论坛

论坛人气是决定帖子能不能火的首要因素。写得精彩的文章如果放在一个网民很少的论坛上，就算是最明显的位置也没有多少人看。因此，筛选论坛是很重要的，可以通过朋友或网上一些渠道侧面了解哪些论坛比较好，或者通过搜索引擎进行了解，也可以去知名的行业网站看看，还可以用站长之家做个筛选表格，比较一下论坛的百度权重、综合排名、PR值、建站时间、反链数等。企业可以通过多做一些比较来选择几个人气高的论坛，但切记目标论坛不一定越多越好，要量力而行。

(2) 注册与登录论坛

现在很多论坛都采用 QQ、微信、微博一键登录，当然也有原始的注册登录方法。企业在做论坛营销之前，多注册几个账号，这些账号可以为以后暖帖、顶帖做基础。下面以注册天涯论坛为例，介绍如何注册论坛账号。

① 在百度中搜索天涯论坛，如图 3.28 所示，然后找到天涯论坛官网并点击进去。

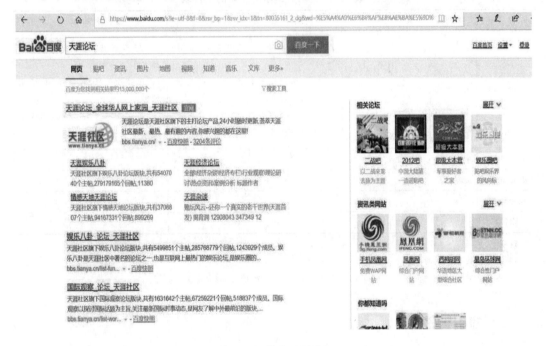

图 3.28　搜索天涯论坛

② 在网站中可以看到"登录""注册"的按钮，可以先注册，然后登录，也可以利用扫二维码、邮箱账号等直接登录，如图 3.29 所示。

然后输入手机号码，设置密码，填写手机验证码，这些填写好后点击"立即注册"，如图 3.30 所示。值得注意的是，用户名称一旦注册完成后不得更改，利用手机注册有一定局限性，要想多注册一些账号，可利用邮箱注册。

学习任务三　实施网络推广

图 3.29　注册论坛

图 3.30　论坛注册信息填写

③ 注册成功后，还需要上传头像、完善资料等，如图 3.31 所示。

图 3.31　论坛信息完善

(3) 编写论坛发帖内容

新注册的账号需先到新人区发一个帖子,如图 3.32 所示。不同论坛对新人的发帖是有限制的,有的一天内限发一篇;有的限制注册后的半个小时内不能发帖;有的要求赚取积分后才能发帖。发帖规定具体看该论坛的操作提示。

图 3.32　论坛发帖

帖子是论坛推广的重中之重,写作时一定要兼顾搜索引擎和用户体验两个方面。不能为了发帖而发帖,随意转载,直接复制别人的文章,或者随手写几个可读性很差的文章,这是一种很消极的态度。主要可从标题和内容两方面来设计论坛帖子,如图 3.33 所示。

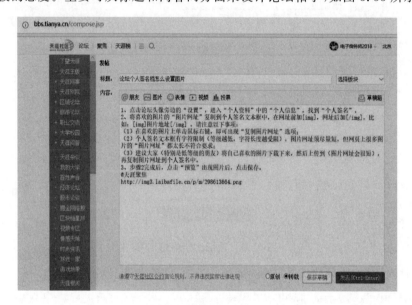

图 3.33　论坛发帖内容设计

① 标题

标题是决定你的帖子是否吸引人眼球的一个关键因素,决定了帖子的成败,所以要在标题上做足功夫,否则就算你的帖子写得再好,也会石沉海底,无人问津。

② 内容

内容是整篇帖子的灵魂所在,包含所要表达的中心思想,在内容的书写上一定要从自己熟悉的方面入手,这样才能有创作的灵感,让思路更加清晰明朗,思维更加敏捷,帖子才能引人入胜。

(4) 发帖

一篇帖子能否被关注和发帖的时间也有很大的关系。如果你的帖子选择在午夜过后或者节假日发表,那就大大地削弱了推广的效果。因为该时间论坛的在线人数大量减少,自然你的帖子就不会被关注。应根据用户的上网习惯,选择发帖的时间。

（5）查看与回复

在论坛上不要做"潜水员"，应该到各个帖子里"冒泡"，要在论坛上体现出活跃性和积极性。但是，也不能疯狂的发帖回帖，这会使人反感，一味单方面地推广自己的网站而不形成互动互助的局面很容易让人感觉这是广告帖。适时并且适当地把握度，持之以恒地进行下去会有意想不到的营销效果。

2. 论坛营销的技巧

论坛营销内容和流程看着很简单，但是要做好，做出效果却有难度，并不是写篇帖子就是推广，论坛营销是有一定技巧和方法的。

（1）原创"加精"

"加精"是网络论坛术语，在网络论坛里，论坛管理员会将一些精华帖子或受关注的帖子设置为精华帖，这个操作就称为"加精"。一般来说，"加精"帖子更容易被搜索引擎收录，比普通的帖子更容易受到网民的关注。原创的文章更容易被管理员注意，管理员一般不会以自己的水平作为标尺来看帖子，而是会尽量用大众的眼光和尺度去判断和衡量帖子。只要帖子超过了大部分人的水平，那"加精"就是必然的事。"加精"帖在论坛推广中扮演着功臣的角色，有了"加精"的标志，帖子可以比较醒目，容易让网民在众多帖子中找到它。

需要原创"加精"时，要主动出击，向管理员申请给自己的文章"加精"。只要你的文章写得很好，对网民有很大的帮助、启发，并且是原创帖，要点新颖，视角独特，一般都会被管理员"加精"。如果实在写不出"加精"帖，也不必气馁，可以多看看别人写的"加精"帖，并给回复，这样既学到了知识，又给自己增加了经验。

（2）注重人际关系

人际关系是生活中不可或缺的一部分。任何促销活动都是以人为中心展开的，用论坛平台展开网络营销也是一样，做好人际关系建设，互相关注的人多了，论坛营销的效率就提高了。

人际关系是论坛营销的基础，是网络营销的组成成分。论坛热帖的建设是人际关系建立的基础，在论坛中想要吸引网友的注意力，就要重视访客体验，多发布一些思维严谨、逻辑严密、文笔闪标着理性光辉的帖子。

可以利用自己的人际关系来进行有力的推广，只要善于开发，每一个网民都会成为帮助你推广的人。如果有很多好友在同时关注一个帖子，那这个帖子想不火都难。可以通过论坛添加一些好友、加入一些俱乐部等。平时多和网民交流，建立良好关系，在关键时刻必然会有网民支持你。

论坛是一个信息互动平台，品牌的号召力建立在网民相互传播的基础上。人与人之间的共鸣来自互动，有了互动，才有可能引发认知上的共鸣，有了共鸣两人才能成为朋友，形成论坛人际关系。论坛人际关系是随着时间而不断扩大的，它需要维护。论坛是一个开放平台，若不在论坛上维护人际关系，很可能会流失忠实"粉丝"群。维护其实就是指有在论坛上规律地更新内容，若长期有规律性地更新信息内容，论坛发帖传播效率会极高，所以要随时更新。

（3）妙用空间日志

现在很多论坛都给用户开通了空间日志。可以把空间日志放到帖子里，也可以把其他文章复制到空间存档,并且可留下指向自己网站的外链。论坛空间日志里的外链比论坛签名更具有生命力、长久性。

(4) 增加奖章和积分等级

可以根据自己的积分申请原创先锋、论坛达人、SEO 水平认证等奖章,如果有能力的话也可以申请版主。这些奖章头衔虽然在现实中并不值钱,也不会代表作者的真正写作水平,但有些头衔、奖章无形之中给人一种厉害的感觉。奖章越多越有说服力,这些头衔、奖章也区分出新手与有经验的人。若你的积分等级很高,各类奖章很多,会使新手在无形之间产生一种敬重之情。

(5) 结合广告灌水区

在一些大型的论坛中会设立一个广告灌水区,它是个允许发布带链接的文章或者发布广告信息的区域,可以通过这个区域来做论坛营销。但需注意的是,广告灌水区的时间比较有限,一般只能存活两周,两周之后,发布的信息可能会被删除。

(6) 关注每日签到细节

现在几乎每个论坛都设置了每日签到,通过签到可以增加用户积分,这不仅是论坛绑住用户的办法,也是我们经营论坛的好方法。

3. 论坛营销注意事项

(1) 如果要在同一篇文章中回答问题,注意变换另一个账号,避免使用同一个账号进行发帖回帖,以免被封号;

(2) 不要使用一些论坛群发软件发广告。

(3) 注意文明形象,不要对他人进行人身攻击,这是一种不道德的行为;

(4) 禁忌非法营销的宣传,如色情、暴力、博彩等。

知识拓展

选择题

1. 常见的综合性论坛有(　　)。
   A. 天涯社区　　　　B. 豆瓣　　　　C. 铁血社区　　　D. 天涯论坛
2. 论坛营销的操作步骤有(　　)。
   A. 找到最佳卖点　　　　　　　　B. 制造不同阶段的话题
   C. 发布论坛营销话题　　　　　　D. 互动设计
3. 论坛营销的策略有(　　)。
   A. 精选会员　　　　　　　　　　B. 多转帖
   C. 多发原始帖　　　　　　　　　D. 使用论坛站内信息
4. 论坛营销的特点有(　　)。
   A. 针对性强　　　　　　　　　　B. 低投入
   C. 发布信息及时　　　　　　　　D. 互动性强

学习活动六 利用微博"粉"提升品牌知名度

微博效应正在逐渐形成

中国互联网络信息中心发布的《第36次中国互联网络发展状况统计报告》显示,截至2015年6月底,我国微博用户规模为2.04亿,网民使用率30.6%。其中手机端微博用户数为1.62亿,占总体的79.4%,比2014年年底上升了10.7%,微博用户向移动端迁移的趋势变得明显。随着微博在网民中的日益流行,与之相关的词汇如"微夫妻"迅速走红网络,微博效应正在逐渐形成。

北漂网友"dou小dou"在新浪微博许愿:"北漂族买不起房,买不起车,只能奢望有一个钻戒,不要是'全裸'结婚就好。有人能满足我一下这个愿望吗?"一段简单的文字表达出她希望得到钻戒,这样就不用"裸婚"了。女孩的愿望被恒信钻石机构董事长李厚霖看到,他真的送了一颗钻石给这个女孩。这个事件为李厚霖赢来了不错的口碑,也带来了不少生意。微博上你可以随心所欲发布各类合法信息,还可以随意去关注陌生人或自己希望认识的人。

学习活动来源描述

通过系统的学习和在实践中不断地总结提升,王东和他的团队利用博客很好地对企业及产品进行了宣传,论坛建立后,企业网站的用户在网站上的停留时间等都增加了不少。企业领导对他们的能力给予了高度的评价,这让王东和他的团队非常兴奋。善于接受新事物、迎接新挑战的他们意识到在网络高速发展的今天,随着微博的快速发展和普及,其对诸多领域的影响日益广泛,如果能较好地利用微博进行营销活动,可能会为企业带来更好的效益。

学习活动内容

(1)撰写微博活动方案。
(2)注册微博账号。
(3)利用微博向消费者传播企业、产品的信息,树立良好的企业形象和产品形象,提升品牌知名度,增加产品销量。

学习活动目的

(1) 掌握微博营销活动方案的撰写方法。
(2) 掌握微博营销的方法和技巧。
(3) 掌握提升网络曝光率,提高用户活跃度的方法。

成果形式

活动策划书、微博发布内容。

学习活动准备

计算机、白纸、笔。

学习活动步骤

学生以小组为单位开展该学习活动,每组6～7人。
步骤1:注册腾讯微博、新浪微博的账号。
步骤2:设计微博营销活动的主题,确定开展微博营销活动的时间。
步骤3:登录微博。以新浪微博为例,说明微博登录方法。
方法一:进入新浪网,单击微博链接,输入新浪通行账号、密码和验证码等信息,单击"登录"按钮,进入微博界面。
方法二:进入新浪网,在弹出窗口中输入新浪通行账号和密码等信息,单击"登录"按钮,进入我的微博界面。
步骤4:撰写微博。在输入文本框内输入文字,插入图片、视频等信息。
步骤5:发布微博。单击"发布"按钮,即可发布成功,如图3.34所示。
步骤6:查看微博。进入微博首页,可查看已发布的微博。
步骤7:进行微博营销相关设置,设置项目如表3.6所示。

图 3.34　发布微博

学习任务三 实施网络推广

表3.6 微博营销设置项目

编号	设置项目		详细内容
1	编辑个人资料		
2	上传头像		
3	申请认证		
4	修改昵称		
5	进入管理中心	查看数据中心	
		进行粉丝服务	
		进行营销推广	
		进行设置管理	
		安装我的应用	
6	搜索并查看有关3个配饰的热门微博,记录最吸引人的一篇		
7	搜索并查看两个名人微博,并进行关注		
8	搜索并查看两个企业微博,并进行关注、发私信		
9	邀请好友开通微博		
10	撰写微博	针对品牌服饰专卖店的周年庆,设计一篇有奖转发的微博	
		针对某款情侣配饰,设计一篇有奖征集的微博	

学习活动评价

对整个学习活动过程进行评价,特别是对学习活动过程中所取得的成果进行评价。评价主体包括学生本人、学习活动小组,同时指导教师参与评分。微博营销活动的评价表如表3.7所示。

表3.7 微博营销活动的评价表

评价项目	微博活动设计(20%)	微博注册(40%)	发帖内容(40%)
评价标准	A. 结构完整 B. 结构比较完整 C. 结构不完整	A. 微博的选择合理,信息完善,名字准确 B. 微博的选择较合理,信息较完善,名字较准确 C. 微博的选择不合理,信息不完善,名字不准确	A. 逻辑性强,准确,吸引顾客 B. 逻辑性较强,较准确,较吸引顾客 C. 逻辑性不强,不准确,不吸引顾客
自己评分			
小组评分			
教师评分			
总得分			

说明:

1. 表格内按百分制打分。
2. 各标准对应的分数范围:A为80~100分;B为60~79分;C为60分以下。

 知识链接

1. 微博

(1) 微博的含义

微博是微型博客的简称,是一个基于用户关系的信息分享、传播以及获取平台。用户可以通过Web、WAP以及各种客户端组建个人社区,也可以用140个字内的文字更新信息,实现即时分享。微博满足了用户互动交流的需求,顺应了信息传播方式大变革的趋势。作为互联网的一种新型应用模式,它具有高度开放性,无论在何时何地,用户都能及时了解、发布消息。你既可以作为观众,在微博上浏览你感兴趣的信息,也可以作为发布者,在微博上发布文字、图片、视频等。

(2) 微博的特点

相对博客而言,微博的"草根"性更强,且广泛分布在计算机桌面、浏览器、移动终端等多个平台上。微博的特点除发布、传播信息快外,还具有四个特性:便捷性、背对脸性、原创性、时效性。

(3) 企业微博的作用

企业开通微博的作用主要体现在四个方面。

① 传递企业信息

传递企业信息是企业微博最基本的功能,大多数企业都会通过微博传递企业及产品信息。

② 了解市场信息

微博的互动性强,有助于企业与消费者互动,可以让企业很容易及时准确地了解消费者信息。因为,消费者在使用微博互动交流时,一般不会有设防心理,表达的内容更加真实、自然。有观点认为,跟踪观察一个人的微博三个月,基本可以了解这个人的个性、喜好、行为方式及收入水平等信息,如果再加以互动性了解,那么得到的信息将更加翔实准确。

③ 树立品牌形象

通过微博企业可以提高品牌知名度和产品的名气。对于微博这个高信任度的媒体,企业用它来塑造企业与品牌形象再合适不过。

④ 促销商品

微博就像消费者的朋友,甚至家人,虽然微博不会直接卖商品给消费者,但是对消费者做出购买决策却起着巨大的影响作用。在微博的世界里,不需要推销员,需要的是一个会诉说和倾听的博主。当你的企业微博成为别人信任的对象时,促销商品就成了很自然的事情。

2. 微博营销

(1) 微博营销的含义

微博的火热催生了有关的新型营销方式——微博营销。微博营销是指通过微博为商家、个人等创造价值而执行的一种营销方式。该营销方式注重价值的传递、内容的互动、系统的布局、准确的定位。微博营销的目的是为了提升企业知名度,增加企业网站注册用户,

增加产品销量等。

（2）微博营销的特点

微博营销具有立体化、高速度、便携性和广泛性等特点。第一，立体化。微博营销可以借助先进的多媒体技术手段，用文字、图片、视频等对产品进行描述，消费者能够更加直接地了解有关产品的信息。第二，高速度。微博最显著特征就是信息传播迅速。一条关注度较高的微博在互联网及与手机WAP平台上发出后，经过短时间内的互动性转发就可以抵达微博世界的每一个角落。第三，便捷性。微博营销优于传统的营销模式，在微博上发布信息时无须经过繁复的审批，从而节约了大量的时间和成本。第四，广泛性。微博可通过"粉丝"关注的形式进行"病毒"式的传播，影响非常广泛，同时，名人效应能够使事件的传播呈几何级放大。

（3）微博营销的"4I"原则

对于企业微博书写的内容，企业可进行换位思考，想一想用户希望在企业的微博上看到什么，则企业在微博上就写什么。微博上发布的信息要能吸引用户的注意，要注意遵循"4I"原则，即有趣、利益、个性、互动。

（4）微博营销常用手段及方法

① 有奖转发

有奖转发是目前采用最多的活动形式，只要"粉丝"们"转发＋评论"或"@"好友就有机会中奖。这种转发门槛较低，"粉丝"们几乎不用动脑筋，也有些对转发提高了要求，例如，在"转发＋评论"或"@"好友的同时，还对"@"的数量有要求。

② 有奖征集

有奖征集是指通过征集某一问题的解决方法来吸引用户，调动用户参与积极性。常见的有奖征集主题有征集广告语、祝福语、创意点子等。

③ 有奖调查

有奖调查一般不直接以宣传或销售为目的，主要用于搜集用户的反馈意见，即要求"粉丝"回答问题，并在转发和回复微博后可参与抽奖。

④ 有奖竞猜

常见的有奖竞猜方式有猜图、猜文字、猜结果、猜价格等方式，环节设计的越有趣味性，越能使"粉丝"自动转发。

（5）微博营销的技巧

微博像其他网络媒介一样，需要花大量的时间和精力用心经营。掌握一定的营销技巧，能够使你在进行微博营销时游刃有余。下面简单介绍几种常用的微博营销技巧。

① 准确定位。

微博建立初期，一定要给微博一个很好的定位，定位是为了找到营销推广方向。企业选定平台，开好微博后，一般都注册好几个账号，还有些企业鼓励员工开微博。

② 建立个性化的微博名称。

一个好的微博名称不仅便于用户记忆，还能够吸引可观的搜索数量。企业建立微博时可以选择企业名称、产品名称或个性化的名称作为用户名。一般微博平台都会提供一些微博主题的模板给用户，用户可以选择与行业特色相符合的风格，使模板与微博的内容更为贴切。当然，如果有能力为自己设计一套有特色、个性化的模板会更好。

③ 使用搜索检索功能，主动搜索相关话题。

每个微博平台都会有自己的搜索检索功能。可以通过搜索检索功能将企业所在行业中用户常问的问题总结出来，并提取重要关键词，随时关注微博用户讨论的内容；还可以利用该功能对自己已经发布的内容进行搜索，查看内容的排行榜，与别人微博的内容进行对比；此外，还可以查看微博的评论数量、转发次数以及关键词提到次数，以便更好地了解微博营销的效果。

④ 精心设计微博内容，传递有价值的信息。

在微博中尽可能设计顾客感兴趣的内容，当然品牌微博切不可为了迎合大众整天发布娱乐信息而失去方向，可以发布企业新品信息，传播企业动态，开展促销活动，与顾客及时沟通回复，解决投诉，收集实时市场情报与反馈等。只有那些能对顾客创造价值的微博才有价值。

⑤ 确保信息真实与透明。

当企业发布一些优惠活动、促销活动信息的时候，要即时兑现，并公开得奖情况，以获得"粉丝"的信任。微博上发布的信息要与公司网站上面的一致，并且在微博上及时对活动跟踪报道。

⑥ 制订有规律的更新频率，定期更新微博信息。

对于微博营销来说，微博的热度和关注度来自微博的可持续话题，要善于不断制造新的话题，发布与企业相关的信息，这样才可以吸引目标客户的关注。不断更新微博才能使发布的信息不被后面的信息覆盖，保证企业微博的可持续发展。

⑦ 灵活运用"#"与"@"符号。

微博发布内容时，两个"#"之间的文字是指话题的名称，可以在话题后面加入自己的见解。若要把某个活跃用户联系起来，可以使用"@"符号，"@"的意思是"向某人说"。可以"@"名人或者"粉丝"量高的相关微博，增加互动和转发。例如，在微博菜单中点击"@我的"，能查找提到自己的话题。

⑧ 善用关注，善于回复"粉丝"们的评论和与知名人士互动。

积极查看并回复微博"粉丝"的评论，回复评论是对"粉丝"的一种尊重。被关注的同时也要去关注"粉丝"的动态，与"粉丝"做好互动，在微博推广前期，通过相互关注的方法能够迅速聚集"粉丝"。

⑨ 善用私信。

微博有文字限制，私信可以容纳更多的文字。只要对方是你的"粉丝"，就可以通过发私信的方式通知对方更多的内容。因为私信可以保护收信人和发信人的隐私，所以当活动展开的时候，发私信的方法会显得更尊重"粉丝"。

⑩ 定期举办活动。

企业微博一定要定期举办活动，活动能带来"粉丝"的快速增长，并增加"粉丝"的忠诚度。

⑪ 规划好发微博时间。

微博有几个使用高峰，如下午4点30分后和晚上8点，企业抓住这类时间发微博，可提高微博的阅读率和转发率。企业微博营销涉及产品前期的设计、调研，生产分销以及后期的技术支持，售后服务等各类信息，需要企业整体的共同支持。开展微博营销前，企业应该组建专门的微博营销团队，制订微博营销方案，然后认真执行，并在执行后对营销效果进行评估反馈。

 知识拓展

一、判断题

1. 微博即微型博客的简称,是一个基于用户关系的信息分享、传播以及获取平台。
（　　）
2. 微博营销方式注重价值的传递、内容的互动、系统的布局、准确的定位。（　　）
3. 免费转发是目前企业开展微博营销采用最多的活动形式,只要"粉丝"们"转发＋评论"或"@"好友就有机会中奖。
（　　）
4. 对于微博营销来说,"粉丝"的数量比质量更重要,因为成功的微博营销是要从"粉丝"身上转化出商业价值。
（　　）
5. 微博发布有文字限制,私信可以容纳更多的文字。只要对方是你的"粉丝",就可以通过发私信的方式将更多的内容传达给对方。
（　　）

二、选择题

1. （　　）是最早也是最著名的微博,是微博的代表性网站,这个词甚至已经成为微博的代名词。
   A. Twitter　　　　B. 新浪微博　　　C. 饭否　　　　　D. 腾讯滔滔
2. 微博具有（　　）特点。
   A. 便捷性　　　　B. 背对脸性　　　C. 原创性　　　　D. 时效性
3. 企业微博具有（　　）作用。
   A. 传递企业信息　B. 了解市场信息　C. 促销商品　　　D. 树立品牌形象
4. 微博营销具有（　　）等特点。
   A. 立体化　　　　B. 便捷性　　　　C. 高速度　　　　D. 广泛性
5. 微博营销的"4I"原则是指（　　）。
   A. 有趣　　　　　B. 利益　　　　　C. 个性　　　　　D. 互动

学习活动七　利用微信"圈"增加销售业绩

 案例导读

短短3天200万曝光量　微信成就不是传说

小刘的火锅店以前每次做促销都是先印刷几万张传单,然后安排派单人员分三天把这

些传单派送完。印刷成本大概是 5 000 元,人工成本为 2 000 元左右,但是宣传效果却远远不能带来 7 000 元的利润,这种发传单的方式只能说做了个品牌宣传。

现在的很多店铺最需要的是缩短投资周期,花钱做宣传的目标是为了在最短时间内赚到钱,所以发传单的方式已经满足不了商家的需求。

小刘自从用微信朋友圈宣传以后,对于一个简单的活动,其宣传效果在短短的 3 天时间内就有了很大的改变。一次简单的活动不光为火锅店带来 200 多万的曝光量,还带来了将近 100 万的销售额。最主要的是,基本没花什么费用就完成了很多线上活动。微信朋友圈的宣传效果非常震撼,小刘的火锅店在当地火了一把,小刘也因此赚了很多。

学习活动来源描述

一次偶然机会,在与"驴友"们的户外旅行中,王东和"驴友"们做了一个游戏,看谁能在最短的时间内分享到最多的微信名片,那时正是微信用户爆炸性增长的时期,见面互相交换微信名片是一件很常见的事情。这样,一个礼拜的时间里,王东的微信里多出了 1 000 多个朋友。

王东敏锐地感觉到,微信是一个无比广阔的市场,通过微信可以获得更好的客户资源。于是他向企业说明想法后,企业很赞同此事,让他好好研究一下微信营销的运作方式。王东和他的团队想要利用微信来为校服生意打开市场知名度,并利用个人微信号和基于个人微信号的朋友圈营销,提升校服销售量。同时,他们还想利用微信公众平台来弥补个人微信营销的不足。

学习活动内容

(1)撰写微信活动方案。
(2)完成微信的安装与注册。
(3)利用个人微信和微信公众平台传播企业信息,发布产品的信息,增加产品销量。

学习活动目的

(1)了解微信营销的概念、优势和运作模式。
(2)掌握基于个人微信号的朋友圈营销方法。
(3)了解微信公众号的三种类型。
(4)初步掌握基于微信公众平台的微信营销方法。

成果形式

活动策划书、微信发布内容。

学习活动准备

计算机、白纸、笔。

学习活动步骤

该学习活动以小组为单位开展,每组6~7人。

步骤1:设计微信营销活动的主题,确定开展微信营销活动的时间。

步骤2:安装与注册微信。

步骤3:撰写与发布微信朋友圈文案。

步骤4:拓展与维护微信客户。微信添加好友的方法有:通过搜索微信号、手机号、QQ号添加;通过"扫一扫""摇一摇""附近的人""漂流瓶"等功能添加。学生们分别用这些方法添加好友,然后分组讨论每种方法都有什么特点,并填写表3.8。

表3.8 微信添加好友的方法特点

微信添加好友的方法	特 点
通过"扫一扫"功能	
通过"摇一摇"功能	
通过"附近的人"功能	
通过"漂流瓶"功能	
搜索微信号、QQ号、手机号	

步骤5:注册微信公众平台。进入微信的官方网站,单击"公众平台"选项,在公众平台单击立即注册链接。注册成功以后,进入微信公众平台页面。

步骤6:在微信公众平台编辑信息。单击平台中的"素材管理"选项,在"素材管理"页面中单击"新建图文素材"链接,在"新建图文素材"页面按照提示设置好标题、作者、封面、摘要和正文后单击"保存"按钮,这样一条单图文信息就创好了,如图3.35至3.38所示,如果要创建多图文信息,需要单击加号图标,然后设置标题、作者、封面、摘要和正文,每单击一次加号就会增加一次消息编辑,所有信息编辑完成后单击"保存"按钮,一条多图文信息就创建好了。单击素材管理页面中的"图文消息"后,可以看到所有已经编辑好的图文信息。

图3.35 素材管理

图 3.36 公众号编辑框

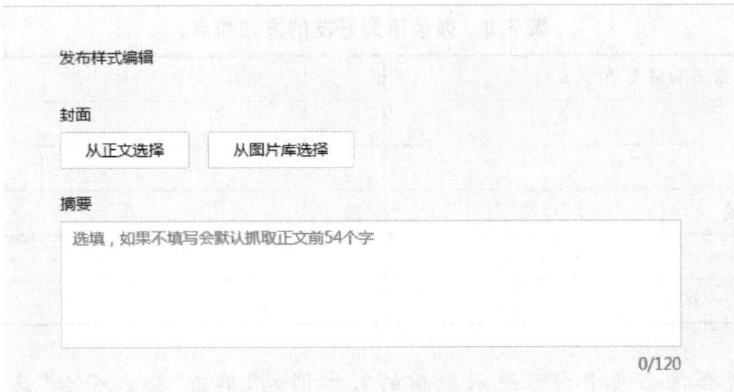

图 3.37 封面设置

图 3.38 公众号保存

步骤7：进行消息管理。为客户组群发图文信息，并对客户提问和反馈的信息进行回复处理。对于客户反馈的信息，要及时回复。群发功能页面中可发的信息有文字、图片和视频，群发消息的方法是：选中或新建好要群发的信息后，设置要群发的对象，单击"群发"按钮。

步骤8：为微信公众平台添加自动回复，如图3.39所示。

步骤9：进行自定义菜单设置。

进入"自定义菜单"编辑页面，如图3.40所示。单击"自定义菜单"编辑页面的"添加菜单"按钮，根据设计添加主菜单，并为每个主菜单添加子菜单，同时为子菜单添加内容。设置完成后可进行预览，预览效果合适的话可以保存发布。

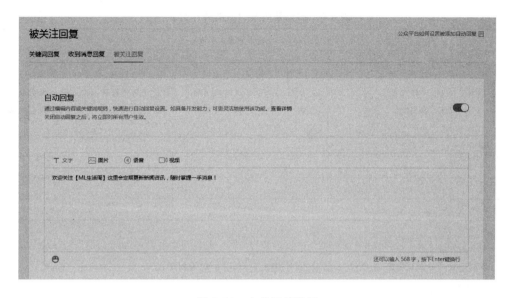

图 3.39　自动回复设置

图 3.40　自定义菜单设置

学习活动评价

对整个学习活动过程进行评价,特别是对学习活动过程中所取得的成果进行评价。评价主体包括学生本人、学习活动小组,同时指导教师参与评分。微信营销学习活动的评价表如表 3.9 所示。

表 3.9　微信营销学习活动的评价表

评价项目	微信活动设计(20%)	微信公众平台设置(40%)	微信朋友圈内容(40%)
评价标准	A. 结构完整 B. 比较完整 C. 不完整	A. 微信公众号定位非常明确 B. 微信公众号定位比较明确 C. 微信公众号定位不明确	A. 逻辑性强,准确,吸引顾客 B. 逻辑性较强,较准确,较吸引顾客 C. 逻辑性不强,不准确,不吸引顾客
自己评分			
小组评分			
教师评分			
总得分			

说明:

1. 表格内按百分制打分。
2. 各标准对应的分数范围:A 为 80~100 分;B 为 60~79 分;C 为 60 分以下。

知识链接

1. 微信

(1) 微信软件概述

微信(WeChat)是腾讯公司于 2011 年 1 月 21 日推出的一个为智能终端提供即时通信服务的免费应用程序。它支持跨通信运营商、跨操作系统平台通过网络快速免费地发送(需消耗少量网络流量)语音短信、视频、图片和文字,同时,在微信上,可以使用社交插件"摇一摇""漂流瓶""朋友圈""公众平台""语音记事本"等。截至 2015 年第一季度,微信已经覆盖中国 90% 以上的智能手机,月活跃用户达到 5.49 亿,用户覆盖 200 多个国家,平台语言超过 20 种。此外,各品牌的微信公众账号总数已经超过 800 万个,与微信对接的移动应用数量超过 85 000 个,微信支付用户有 4 亿左右。

(2) 微信的功能

① 聊天。聊天是微信最基本的功能,微信支持发送语音短信、视频、图片(包括表情)和文字,还支持多人群聊。

② 微信支付。微信支付是集成在微信客户端的支付功能,用户可以通过手机快速地完成支付流程。微信支付向用户提供安全、快捷、高效的支付服务,以绑定银行卡的快捷支付为基础。用户只需在微信中关联一张银行卡,并完成身份认证,即可将装有微信的智能手机变成一个全能钱包,之后便可购买合作商户的商品及服务。用户在支付时只需在自己的智能手机上输入密码,无须任何刷卡步骤即可完成支付,整个过程简便流畅。

③ 微信红包。通过微信红包可以发红包,查看收到的红包和发出红包的记录。

④ 朋友圈。用户可以通过微信朋友圈发表文字和图片,同时可通过其他软件将文章或者音乐分享到朋友圈。但可以对好友新发的照片进行评论或"赞",用户只能看相同好友的评论或"赞"。

⑤ 漂流瓶。用户可通过微信"漂流瓶"中的"扔瓶子"和"捞瓶子"功能来匿名交友。

⑥ 查看附近的人。微信将会根据用户的地理位置找到在用户附近同样开启该功能的人。

⑦ 语音记事本。用户可以进行语音速记,还支持视频、图片、文字记事。

⑧ 摇一摇。用户通过摇手机或点击按钮模拟摇手机,可以匹配到同一时段触发该功能的微信用户,从而增加用户间的互动和微信黏度。

⑨ 群发助手。用户通过群发助手可把消息发给多人。

⑩ 游戏中心。用户可通过游戏中心进入微信游戏(还可以和好友比游戏得分),如"飞机大战"游戏等。

2. 微信营销

微信营销是网络经济时代下企业营销模式的一种创新,是伴随着微信的火热而兴起的一种网络营销方式。微信不存在距离的限制,用户注册微信后可与周围同样注册的人形成一种联系。用户订阅自己所需的信息,商家通过提供用户需要的信息,推广自己的产品,从而实现点对点的营销。微信一对一的交流方式具有良好的互动性,精准推送信息的同时更能形成一种朋友关系。基于微信的种种优势,借助微信平台开展客户服务营销成为继微博营销之后的又一新兴营销方式。

下面主要从微信的功能角度来介绍微信营销的相关内容。

(1) 利用微信宣传产品和品牌。

微信可以在头像、昵称、个性签名、朋友圈封面等设置方面加入商家、信息和产品图片等,这样可以起到营销效果。

(2) 利用微信搭建与客户沟通的渠道。

微信添加好友的方法有:一是通过搜索微信号、手机号或 QQ 号;二是通过"扫一扫""摇一摇""附近的人"等功能。添加好友之后,可以一对一地进行产品的介绍和交友。而且,可以利用微信朋友圈进行产品宣传,与客户互动。

(3) 利用微信群建立与客户沟通的桥梁。

微信群是腾讯公司推出的微信多人聊天交流服务功能,群主在创建群以后,可以邀请朋友或者有共同兴趣爱好的人到同一个群里面聊天。在群内除了聊天,还可以共享图片、视频网址等。微信建群可以增加用户的凝聚力,在群内可以发布商家和产品的信息和相关活动,调动用户的互动性和活跃性。

微信建群的具体方法是:在微信界面右上角点击"+"图标,在出现的列表中选择"发起群聊"。然后在"发起群聊"页面,选中想要一起聊天的好友,选好后点右上角的"确定"按钮。微信加群的方式有好友邀请和"扫一扫"两种方式。

点击"发起群聊"界面的"选择一个群"选项可进入群界面,并进行聊天。点击群聊界面右上角的图标,可进入"聊天信息"界面,对微信群的名称、群公告等进行设置,实现产品营销效果。

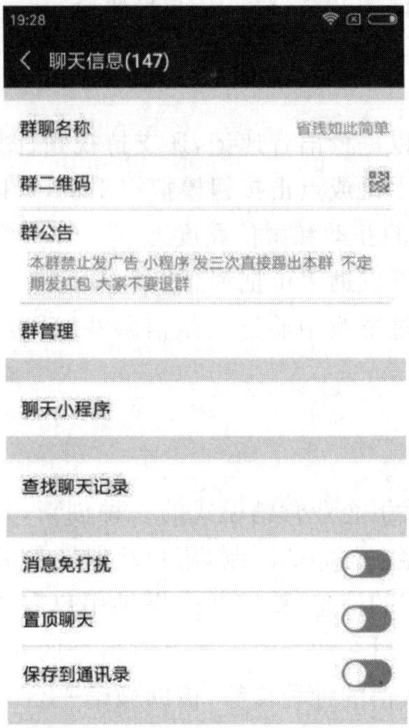

图 3.41 "聊天信息"界面

(4) 利用微信红包调动用户活跃性,提升人气。

微信红包主要是通过发红包、抢红包等活动来提升用户的活跃性,促进用户之间的互动。

在微信红包界面,选择要发红包的类型:"拼手气群红包"或"普通红包"(如图 3.42 所示)。对于普通红包,可以设置红包的金额和留言,设置好后点击"塞钱进红包"按钮。对于拼手气红包,可以在选项中设置红包个数和总金额。

(a) 普通红包　　　　(b) 拼手气红包

图 3.42　红包设置

3. 微信公众平台

微信公众平台是腾讯公司在微信上新增的功能模块,曾名为"官号平台"和"媒体平台",最终命名为"公众平台"。

(1) 微信公众号类型

个人、企业和组织都可以通过微信公众平台打造一个微信公众号。目前微信公众号有三种,即服务号、订阅号和企业号,三种公众号面向的人群以及功能都有所不同,如表3.10所示。

表3.10 服务号、订阅号、企业号的特点

功能	账号类型		
	订阅号	服务号	企业号
业务功能	为媒体和个人提供一种媒体传播方式,构建与读者之间更好的沟通模式	给企业和组织提供更强大的服务与用户管理能力,帮助企业实现全新的公众号服务平台	帮助企业和组织内部建立员工、上下游合作伙伴与企业内容系统间的连接
消息显示方式	折叠在订阅号文件夹中	出现在好友会话列表	出现在好友会话列表
消息次数限制	每天群发一次	每月主动发送消息不超过4条	最高每分钟可群发200次
验证关注者身份	任何微信用户都可关注	任何微信用户都可关注	通讯录成员可关注
消息保密	消息可转发分享	消息可转发分享	消息可转发分享;支持保密消息,防止成员转发
高级接口权限	认证后部分支持	支持	认证后部分支持
定制应用	不支持	不支持	可根据需要定制应用,多个应用可聚合成一个企业号
微信支付	不支持	认证后支持	不支持

(2) 企业微信公众号的选择

对于微信公众平台,不管是订阅号、服务号还是企业号,都是为实现"微信连接一切"目的的桥梁。企业在注册时三种账号都可以选,但是具体该选择哪一个,需要根据企业打造公众号的目的以及自身情况来决定。订阅号最大的优势是每天可以群发一组消息,但是所推送的消息都折叠在订阅号文件夹里,用户需要打开这个文件夹才能看到推送的内容,所以从某种意义上来讲,订阅号的作用就是为关注者提供优质有价值的内容,从而与关注者建立关系,进而得到关注者对自身品牌的认可。鉴于订阅号的特点,企业有以下需求时可选择订阅号:产品是新品牌,需要提高知名度;产品不是新品牌,但品牌知名度不高,仍需提升知名度,增加客户黏性,增加重复购买率;产品需要依靠口碑传播实现品牌推广,提高品牌的美誉度。虽说服务号每月最多只能群发4条消息,但是所推送的内容都显示在微信聊天窗口,并用小红点标志提醒用户查看。因此,每次推送都有足够长的时间准备,可以给用户最优质的内容。另外,服务号有着很大的开发空间,目前的高级接口能够完全满足所有类型的企业需求。服务号功能强大,适用于以下情况:产品的品牌知名度相当高,属于强势品牌,如星巴克等;企业具有完善的会员管理系统,并将

该系统与微信打通,实现通过手机完成对会员的部分服务,如招商银行、南方航空等;需要实现微信支付功能,完成移动互联网的销售闭环。企业号的最大优势是发送信息数量不受限制,但是只有限定范围内的用户才可以关注对应的企业号。其主要功能在于可帮助企业建立员工、上下游供应链及企业内部系统间的连接,实现简单化管理流程,提升整体管理能力,实现移动办公便捷化。

(3) 微信公众号的认证

微信公众号认证是微信公众平台为了确保公众号信息的真实性、安全性而提供的一项服务。当平台"粉丝"量到达 500 个时就可以开始去认证了,认证后的好处有很多,例如,会显示一个专业的标注来提高公信度;在用户用关键词查找时认证后的公众号排名靠前;订阅号和企业号可获得部分高级接口;服务号可申请微信支付等。

微信公众号认证步骤如下:

① 登录。登录微信公众平台,在平台左侧"设置"选项中申请公众号认证。

② 同意协议。同意并遵守"微信公众平台认证服务协议"。

③ 同意命名规则。如果申请的认证账号名称不符合协议规则,会有审核人员与你沟通修改,认证账号名称符合规则后才能通过认证审核。

④ 填写资料。选择企业/网店商家/媒体/政府及事业单位/其他组织类型中的一类,填写相关资料。

⑤ 填写发票。需要开具发票时要填写相关信息,不需要发票时请选择"不开具发票",直接单击"保存",再点击"下一步"按钮。

⑥ 支付费用。使用微信扫描二维码完成支付或使用企业对公账户打款到腾讯公司的对公账户。

4. 微信公众平台营销

(1) 微信公众平台内容策划

内容可以结合软文的形式,利用热点话题、情感共鸣等方式引出产品相关信息,这样内容通俗易懂,宣传效果最好。

(2) 微信公众平台营销预算

微信公众平台营销预算可以分为两个部分:第一部分为固定预算,主要为公众号日常运营所需支付的人力成本,包括平台的日常维护、内容的发布、客户消息的处理和管理等;第二部分是微信公众号的推广费用,主要根据投入周期的时间长短来计算推广成本。

(3) 微信公众平台推广

微信公众平台推广是为了获取微信公众平台"粉丝","粉丝"的数量和质量是微信公众平台营销成功的关键。

(4) 微信公众平台管理

① 客户管理

在微信公众平台上对客户进行分组。可以把所有客户分为星标组、客户组 1、客户组 2、新客户和老客户,如图 3.43 所示。

图 3.43　客户分组

② 素材管理

平台中的素材有四种:图文信息、图片、语音、视频。语音和视频可以从计算机上直接上传。图文信息分为单图文信息和多图文信息两种,需要创建与编辑。

③ 消息管理

消息管理可以为客户组群发图文信息,并对客户提问和反馈的信息进行回复处理。发送信息时可按客户分组进行推送,例如,针对新客户推送新品特惠活动,针对老客户推送感恩回馈活动。

④ 自动回复管理

微信公众平台可设计一个欢迎新客户的自动回复,通过这个自动回复可引导新客户继续了解平台内容或关注正在营销的产品。自动回复栏目中自动回复有三种:被添加自动回复、消息自动回复、关键词自动回复。

⑤ 自定义菜单管理

自定义菜单分一级菜单和二级菜单,一级菜单最多可添加三个,每个一级菜单下最多可以有五个二级菜单。菜单的内容分为两类——"发送消息""跳转网页"。当选择"发送信息"时,可以添加图文信息、图片、语音、视频。

知识拓展

一、判断题

1. 微信只能用手机号进行注册。　　　　　　　　　　　　　　　　　　（　　）
2. 微信"摇一摇"功能只能用于搜索人和歌曲。　　　　　　　　　　　　（　　）
3. 整天忙碌的白领不适合微信创业。　　　　　　　　　　　　　　　　（　　）
4. 向好友发送红包时有普通红包和拼手气红包两种红包可选。　　　　　（　　）
5. 微信是腾讯旗下的一款语音产品,是当前比较火爆的手机通信软件,支持发送语音短信、视频、图片和文字,也可以发起群聊。　　　　　　　　　　　　　（　　）

二、选择题

1. 微信添加好友的方法有（   ）。
   A. 搜索微信号、QQ 号、手机号   B. 通过"扫一扫"功能
   C. 通过"附近的人"功能   D. 通过"摇一摇"功能
2. 加入微信群的方法有（   ）。
   A. 扫描群二维码   B. 查找群名称   C. 查找群号   D. 通过好友邀请
3. 微信朋友圈发布动态的内容有哪些种类（   ）。
   A. 图片   B. 小视频   C. 纯文字信息   D. 声音
4. 微信营销是网络经济时代下企业或个人营销模式的一种,是伴随着微信的火热而兴起的一种网络营销方式,和传统的网络营销相比,微信营销的优势有（   ）。
   A. 高精准度   B. 高接受率   C. 高曝光率   D. 高便利性
5. 微信红包是腾讯旗下的微信于 2014 年 1 月 27 日推出的一款应用,红包的类型有（   ）。
   A. 普通红包   B. 专用红包   C. 拼手气红包   D. 特殊红包

学习活动八　利用即时通信"群"带动转化率

案例导读

耐克"爱运动,即使它伤了你的心"

耐克公司（以下简称耐克）曾经向全国各大报纸推出了名为"爱运动,即使它伤了你的心"的公关广告。广告依然使用了刘翔的大幅照片,却不再使用其过往奔跑的照片,使用的仅是刘翔平静面孔的照片及一句广告语——"爱比赛,爱拼上所有的尊严,爱把它再赢回来,爱付出一切,爱荣耀,爱挫折,爱运动,即使它伤了你的心",以求淡化刘翔退赛所带来的风险和公众压力。耐克的举措向世人表明,原来体育营销可以走人文关怀的温情路线。

然后,耐克借助腾讯强大的 QQ 受众人群,通过即时通信工具进行推广,一个星期之内,仅直接参与"QQ 爱墙祝福刘翔"的人数就已经达到了两万人,页面浏览量超过了 37 万次。耐克的快速反应和悲情式广告没有强烈的商业味道,符合人们对体育精神的追求和渴望,通过网络参与者的口口传播和直接表达,达到了二次传播的效果,超越了刘翔简单代言的价值,这是成功的即时通信营销的案例。

学习任务三 实施网络推广

学习活动来源描述

小林毕业于大连某职业学校,毕业后应聘到某服饰专卖店工作,加入了王东的销售团队。当他上班第一天来到单位后,正好赶上王东给销售部门全体员工开会,商讨开展网络营销事宜,小林将即时通信营销介绍给王东后,得到王东的高度认可。

学习活动内容

(1) 掌握即时通信工具注册和功能设置的方法。
(2) 掌握即时通信营销技巧。

学习活动目的

(1) 掌握即时通信营销的概念。
(2) 了解即时通信营销使用的工具。
(3) 掌握几种常见即时通信工具的安装及使用方法。

成果形式

QQ推广内容。

学习活动准备

互联网、计算机、白纸、QQ软件。

学习活动步骤

即时通信营销已经成为帮助企业进行品牌和产品推广的重要营销手段,本书以即时通信工具QQ为例,来了解企业进行QQ营销的方法,进而知晓企业进行即时通信营销的基本技巧。

该学习活动以小组为单位开展,每组6~7人。

步骤1:注册与登录QQ,如图3.44和3.45所示。

步骤2:进行QQ基础设置。单击QQ界面左下角的设置图标,进入系统设置界面。在系统设置中,可对权限、安全等进行设置。

步骤3:撰写营销推广信息并发布。

步骤4:设计群名片。把群名片改成企业名称或其产品服务相关的名称,能提高自己在群友中的关注度。同时,QQ群有较多的功能,如共享、群公告、群文件、群邮件、群论坛等,利用好这些功能,可以有效增加广告宣传效果。

图 3.44　QQ 注册　　　　　　　图 3.45　QQ 登录

步骤5：维护客户。QQ群营销其实是一种口碑营销的方式，口碑营销很重要的一点是对客户关系的维护。维护包括对自己的QQ群进行管理，进行相关活动的策划等。

 ## 学习活动评价

对整个学习活动过程进行评价，特别是对学习活动过程中所取得的成果进行评价。评价主体包括学生本人、学习活动小组，同时指导教师参与评分。即时通信营销学习活动的评价表如表3.11所示。

表 3.11　即时通信营销学习活动的评价表

评价项目	即时通信基础设计（20%）	即时通信功能设置（40%）	即时通信内容编辑（40%）
评价标准	A. 结构完整 B. 比较完整 C. 不完整	A. 设置合理，信息完善 B. 设置较合理，信息较完善 C. 设置不合理，信息不完善	A. 逻辑性强，准确，吸引顾客 B. 逻辑性较强，较准确，较吸引顾客 C. 逻辑性不强，不准确，不吸引顾客
自己评分			
小组评分			
教师评分			
总得分			

说明：

1. 表格内按百分制打分。
2. 各标准对应的分数范围：A为80~100分；B为60~79分；C为60分以下。

知识链接

1. 即时通信概述

即时通信(Instant Messaging,IM)是一个终端服务,是指能够即时发送和接收互联网信息等的业务。即时通信工具利用的是互联网,通过文字、语音、视频、文件进行信息交流与互动,有效节省了沟通双方的时间与经济成本。即时通信工具不但成为人们的沟通工具,还成为人们进行工作、学习等的平台。

即时通信的特点如下。

(1) 同时性

即时通信不仅允许两人或多人使用互联网即时地传递文字、图片信息或进行语音与视频交流沟通,还可以将网站信息与聊天用户直接联系在一起,例如,通过网站向聊天用户群发信息,吸引聊天用户群对网站的关注。

(2) 即时性

即时通信不同于电子邮件之处在于它所需的时间更短,且交谈是即时的。通过即时通信工具,用户可以知道他的好友是否正在线上,并与之即时通信。

(3) 高效性

即时通信在网络技术的支持下,实现了信息传递的高效性,使得信息传播速度比较快,且信息反馈及时。

(4) 实用性

即时通信工具作为一个交流沟通的工具,不仅可以实现个人与他人的交流沟通,还可以实现企业内部的管理和外部的沟通等。在企业级应用中,即时通信工具根据企业自身的特点,力求与业务流程相结合,与企业办公软件相结合,成为企业管理系统的一部分。

(5) 安全性

安全对于企业即时通信的重要性已经无须多言,它是企业选择即时通信工具的重要参考指标,也直接关系到未来企业即时通信市场的发展速度。

2. 即时通信营销

即时通信营销又称IM营销,是企业通过即时通信工具推广产品和品牌,以实现目标客户挖掘和转化的网络营销方式。即时通信主要有以下两种情况:一种是通过网络在线交流,中小企业建立网店或者企业网站时一般会有即时通信在线。这样,潜在的客户如果对产品或者服务感兴趣时自然可以主动和在线的商家取得联系。另一种是通过广告,中小企业可以通过即时通信工具发布一些产品信息、促销信息,或者可以通过图片发布一些网友喜欢的表情,同时加上企业要宣传的标志。

即时通信营销与传统的营销方式相比,具有三个方面的优势。

(1) 互动性强

无论哪一种即时通信工具,都会有其庞大的用户群。即时的在线交易方式可以让企业掌握主动权,摆脱以往等待关注的被动局面,将品牌信息主动地展示给消费者。

(2) 营销效率高

一方面,即时通信工具可以针对特定人群专门发送用户感兴趣的品牌,这样能够诱导用户在日常沟通时主动参与信息的传播,使营销效果达到最佳。另一方面,即时通信传播不受空间、地域的限制,类似促销活动这种用户感兴趣的实用信息可以通过即时通信工具第一时间告诉用户,信息有效传播率非常高。

(3) 传播范围大

任何一款即时通信工具都有很高的人气,并且使用人群以高品质和高消费的白领阶层为主。即时通信工具有无数庞大的关系网,好友之间有着很强的信任关系,企业的任何有价值的信息都能在即时通信中开展精准式的扩散传播,产生的口碑影响力远非传统媒体可比。

3. 即时通信营销的技巧

(1) 网络头像和人物表情道具的应用

即时通信工具是一类网上通信软件,把营销推广元素加入即时通信网络头像和表情道具中是非常有效的"病毒"营销策略之一。借助庞大的即时通信用户传播群体,携带产品基本信息的头像和表情可以迅速地在网上得到推广。

(2) 群的应用

群是即时通信工具中一项独特的功能,最早在QQ中出现。QQ群具有话题集中的特性,QQ群的成员对共同的话题都有浓厚的兴趣,而且都是某个话题的积极参与者,因此QQ群成为营销的一个非常好的平台。它可以让QQ用户中拥有共性的小群体建立一个即时通信平台,实现多人同时在线交流的功能。例如,可创建"安家置业""我的大学"等群,每个群内的成员都有着相似的兴趣爱好,并可以再邀请朋友或者有共同兴趣爱好的人进入群里相互聊天沟通。这给营销创建了极好的机会,群用户不仅可以通过口碑的方式在交流过程中向群内用户宣传营销信息,同时还可以不断吸引群外用户加入。

(3) 聊天机器人的应用

聊天机器人是指通过软件程序的设置,可以和即时通信工具的使用者进行人工智能聊天的一类软件。最开始的时候,聊天机器人被用户用来打发没有人一起聊天时的寂寞时间。用户将聊天机器人添加到好友名单,当用户每次给它发信息时,它就会从记忆库中调出相应的回复。跟人不同,聊天机器人可以24小时在线,永不疲倦地陪你聊天。聊天机器人可以通过对自然语义的理解来驱动,这使得互联网内容提供商(ICP)除了通过浏览器发布信息的渠道外又多了一个渠道宣传信息,如腾讯公司的小Q妹妹等。

(4) 空间传播的应用

很多的即时通信工具提供了空间服务,在网页空间中,用户可以使用论坛、相册、共享文件等多种交流方式。网页空间可以写日志、分享相册和音乐等。网页空间作为一个完全私人化的网上空间,即时通信工具使用者可以将网页空间完全开放或者仅邀请自己的好友参观访问,用户只需单击即时通信工具好友中的空间选项就可以参观访问朋友的网页空间,这无疑是一个非常好的营销载体。当网页空间具有一定的知名度后,你所推广的企业产品品牌信息会随着你的网页空间的传播而快速传播,从而充分起到积累口碑的作用。

(5) 其他技巧

对于不同种类的即时通信工具,除了即时通信工具都具备的主要功能外,个别的即时通信还有其特殊功能。在开展营销过程中可以根据不同的即时通信平台选择不同的宣传方式,如 QQ 的电子宠物等都是开展营销时可以选择的宣传渠道。

知识拓展

一、判断题

1. 即时通信是一个终端服务,是指能够即时发送和接收互联网消息的业务。（　　）
2. 即时通信软件是通过即时通信技术来实现在线聊天、交流的软件。（　　）
3. 商务即时通信主要是被中小企业、个人用来实现买卖和方便跨地域工作交流为主,如 QQ、MSN 等。（　　）
4. 行业即时通信主要是被中小企业、个人用来实现买卖和方便跨地域工作交流为主。（　　）

二、选择题

1. （　　）利用的是互联网,通过文字、语音、视频、文件进行信息交流与互动,有效节省了沟通双方的时间与经济成本。
   A. 邮件营销　　　　　　　　B. 微博营销
   C. 即时通信营销　　　　　　D. 微信营销
2. 即时通信营销的优势没有以下哪一项（　　）。
   A. 互动性　　　　　　　　　B. 营销效率高
   C. 传播范围大　　　　　　　D. 保密性强
3. QQ 营销其实是一种（　　）营销的方式,这种营销很重要的一点就是对客户关系的维护。
   A. 传播　　　　　　　　　　B. 口碑
   C. 病毒　　　　　　　　　　D. 广告
4. 中小企业进行 IM 营销的方法有（　　）。
   A. 商机挖掘　　　　　　　　B. 商机转化
   C. 服务导航　　　　　　　　D. 以上都有
5. IM 与（　　）的整合最关键的是能够基于 IM 号码来唯一识别客户,IM 客服代表利用 IM 工具与客户沟通的时候同时可以调阅系统的相关信息。
   A. CS　　　　　　　　　　　B. ERP
   C. CRM　　　　　　　　　　D. 以上均可以
6. QQ 群推广的方法有（　　）。
   A. 自己建群　　　　　　　　B. 疯狂加群
   C. 不断地在群里发广告　　　D. 发图片

学习活动九　开展"病毒"营销

案例导读

这一次,优衣库居然和小猪佩奇联合了!
♯社会佩奇正能量♯

　　优衣库公司和小猪佩奇进行首次合作。小猪佩奇在抖音、微博这些年轻的媒体上,人气是非常高的!这次优衣库公司卖的是小猪佩奇的童装,这场跨界营销吸引了不少年轻人的目光,优衣库公司在官方置顶微博中,以"小猪佩奇穿上身"为主题,邀请粉丝一起来对暗号。

　　这条微博引起了不小的反响,用户的参与度很高,玩得也很开心。微博评论区出现了很多要优衣库公司快点上小猪佩奇大人款衣服的留言,优衣库公司这一波营销策略取得非常好的效果!

学习活动来源描述

　　某品牌服饰专卖店准备开展本年度夏季校服的营销推广工作,王东在网上看到了优衣库和小猪佩奇联合的案例,并对此非常感兴趣,于是他们也想制造一个事件宣传夏季校服。恰好现在某学校组织了"校园好声音"比赛,王东想到了可以利用该活动推广夏季校服,于是在活动宣传材料上都附了企业名称和夏季校服的元素,通过论坛、微博、微信等迅速地把活动资讯以及促销信息扩散出去,以引起消费者的热议,让大家接触自己企业的品牌文化,了解夏季校服等最新的促销信息。

学习活动内容

　　(1)"病毒"营销推广方案的整体规划和设计。

　　(2)针对"校园好声音"活动,撰写产品相关的"病毒"营销软文,策划产品相关的网络话题。

　　(3)注册微博账号(新浪、腾讯)和微信账号,通过微博、微信平台发布"校园好声音"活动话题,发动学生关注本次活动的微博、微信并积极转发活动有关的有奖活动(奖品为新款文化衫等),以快速积聚社区网络的关注人气。

　　(4)将"病毒"营销软文进行广泛的发布与推广。

　　(5)对推广的效果进行跟踪和分析,形成报告资料。

学习任务三 实施网络推广

学习活动目的

(1) 掌握"病毒"营销方法。
(2) 掌握"病毒"营销软文的撰写方法。
(3) 熟悉微博、微信、QQ平台的功能。
(4) 掌握微博、微信、QQ有关发布推广的操作。
(5) 掌握对"病毒"营销的监控、对营销数据分析总结的方法。

成果形式

"病毒"营销方案、"病毒"营销软文。

学习活动准备

互联网、计算机、"病毒"营销软文。

学习活动步骤

该学习活动以小组为单位开展,每组6～7人。

步骤1:学生小组根据企业夏季校服的市场定位,提交一份"病毒"式推广策划方案。要对营销进行深入分析,确定营销的核心价值,点明策划原则。

步骤2:结合某品牌服饰店的企业文化,提交一篇"病毒"式营销软文,并投放到各大校园论坛以及同城社区网络。

步骤3:注册微博账号(新浪、腾讯)和微信账号。

步骤4:通过各种活动宣传鼓励消费者通过微博、微信、论坛、贴吧、QQ、短信等方式将活动资讯快速扩散出去。

步骤5:学生小组讨论通过综合各种推广方式为活动造势,提升企业品牌价值和夏季校服的市场影响力。

学习活动评价

对整个任务过程进行评价,特别是对过程中所取得的成果进行评价。评价主体包括学生本人、学习活动小组,同时指导教师参与评分。"病毒"营销学习活动的评价表如表3.12所示。

表 3.12 "病毒"营销学习活动的评价表

评价项目	策划方案设计(40%)	"病毒"营销软文(40%)	"病毒"式推广总体效果(20%)
评价标准	A. 非常合理 B. 合理 C. 不合理	A. 非常合理 B. 合理 C. 不合理	A. 非常好 B. 较好 C. 不好
自己评分			
小组评分			
教师评分			
总得分			

说明：

1. 表格内按百分制打分。
2. 各标准对应的分数范围：A 为 80～100 分；B 为 60～79 分；C 为 60 分以下。

知识链接

1. "病毒"营销简介

"病毒"营销(Viral Marketing)通过类似病理方面和计算机方面的"病毒"传播方式，即自我复制的"病毒"式的传播过程，利用已有的社交网络来提升品牌知名度或者达到其他的市场营销目的。"病毒"营销是由信息源开始，再依靠用户自发的口碑宣传，达到一种快速滚雪球式的传播效果。它描述的是一种信息传递战略，经济学上称之为"病毒"营销，因为这种战略像病毒一样，利用快速复制的方式将信息传向数以千计的受众。

2. "病毒"营销特点

"病毒"营销通过利用公众的积极性和人际网络，让营销信息像病毒一样传播和扩散。它存在一些区别于其他营销方式的特点。

（1）具有有吸引力的"病原体"

寻求一些非常规性的话题，用有特点的方式表达一个事物，让人们发现其与众不懂，进而让人们不断地传播该事物，这个被传播的主体就是指"病原体"。它可以向病毒一样，快速传播，扩大其影响力，这样企业的宣传目的就达到了。

（2）接收的效率高

利用大众媒体投放广告有一些难以克服的缺陷，如信息干扰强烈，接收环境复杂，受众抵触心理严重。以电视广告为例，同一时段的电视有各种各样的广告同时投放，其中不乏同类产品"撞车"现象，这大大减少了受众的接受效率。而"病毒"营销的内容是受众从熟悉的人那里获得或是主动搜索而来的，在接收过程中自然会有积极的心态；内容接收渠道也比较私人化，如通过手机短信、电子邮件、封闭论坛等（存在几个人同时阅读的情况，这样反而扩大了传播效果）。以上方面的优势使得"病毒"营销尽可能地减小了信息传播中的噪音影响，增强了传播的效果。

（3）更新速度快

"病毒"营销的传播速度通常是呈S形曲线的，即在开始时传播速度很慢，传播中期时传播速度加快，而接近最大传播速度时又会慢下来。当"病毒"营销的传播力在衰减时，一定要在受众对信息产生免疫力之前，将传播力转化为购买力，方可达到最佳的销售效果。

3．"病毒"营销传播策略

（1）口头传递

最普遍的口头传递的营销传播策略是以告诉一个朋友或推荐给朋友的方式进行推广，这也是大部分网站使用的方法。对于这种方法，各种网站的使用率是不一样的。对于一些娱乐网站，告诉一个朋友的使用率可能会高一些。但对其他大型内容网站，这种方法是不行的。这种"病毒"营销传播策略可以降低成本并快速执行，其宣传效果还可以通过引入竞赛和幸运抽签得以增强。

（2）媒介传递

对大部分E-mail用户来说，每当收到有趣的图片或很酷的Flash游戏的附件时，通常都会把它发给朋友，而这些朋友也顺次把该附件发给他们的联系者。这种滚雪球效果可以轻松创建起一个分销渠道。

4．"病毒"营销的步骤

（1）找准营销群体

在做"病毒"营销之前，一定要搞清楚目标群体，只有这样才能针对这些群体做一些信息轰炸，否则可能只是浪费时间和人力。

（2）注重营销转化率

对于企业来说，不管是采用何种营销模式，都应该以营销转化率为出发点，只有带着这个目的出发，才能够有意识地改进营销的模式。

（3）找准营销主题

对于一个产品或者品牌的营销，必须要针对某种主题来做推广，也只有这样才能在短时间内，让有需求的用户快速找到问题的核心点，促动他们加深对品牌的印象。

（4）注重主题与产品结合

在做主题内容的时候，一定要结合产品和市场来做，内容最好简洁、易懂，这样才能够快速吸引更多的消费者关注。

（5）注重结果及信息的反馈

在经过一段时间的推广之后，一定要将营销的结果进行汇总分析，只有通过对这些数据的分析，处理好相关的信息反馈，才能够找到不足点，从而完善产品经营思路。

5．"病毒"营销相关的营销方法

事件营销是一种与"病毒"营销相关的营销方法。

（1）事件营销定义

事件营销（Event Marketing）是企业通过策划、组织和利用具有新闻价值、社会影响以及名人效应的人物或事件，吸引媒体、社会团体和消费者的兴趣与关注，以求提高企业或产品的知名度、美誉度,树立良好品牌形象,并最终促成产品或服务销售目的的手段和方式。

简单地说,事件营销是通过把握新闻的规律,制造具有新闻价值的事件,并通过具体的操作,让这一新闻事件得以传播,从而达到宣传推广的效果。事件营销是国内外十分流行的一种公关传播与市场推广手段,集新闻效应、广告效应、公共关系、形象传播、客户关系于一体,并可为新产品推荐、品牌展示创造机会,建立品牌定位,也是一种快速提升品牌知名度与美誉度的营销手段。

(2) 事件营销原理

① 事件营销的原始动机——注意力的稀缺。注意力是对于某条特定信息的精神集中情况。当各种信息进入人体的意识范围时,人将关注其中特定的一条信息,然后决定采取的行动。注意力对于企业来说,是一种可以转化为经济效应的资源,把握住大众的注意力,就有了事件营销的动力。

② 事件营销的实现桥梁——大众媒介议程设置。大众媒介议程设置简单说就是指大众传播媒介具有一种为公众设置议事日程的功能,影响着人们对周围世界的"大事"及其重要性的判断。因此,如果企业想成功地实施一次事件营销,必须善于利用大众媒介,只有凭借传媒开展的新闻传播、广告传播等大众传播活动,营造出有利于企业的社会舆论环境,才能帮助企业达到借势或造势的目的,引起大范围的公众重视。所以,大众媒介议程设置是事件营销的实现桥梁。

③ 事件营销的必要途径——整合营销资源。营销大师菲利普·科特勒认为整合营销是指企业所有部门为服务于顾客利益而共同工作。它有两层含义:其一是不同营销手段共同工作;其二是营销部门与其他部门共同工作。企业整合资源表现在整合多种媒体发布渠道,整合多种媒体渠道传播的信息,整合多种营销工具。

(3) 事件营销策略

① 名人攻略

名人可以是歌曲界、影视界、体育界和文化界的。将企业需求、资源和时机三者合一,才能筛选出最终营销方案,需求是企业固定的要求,一般是不能轻易更改,资源主要看策划的时候能找到哪些名人,而时机主要看当时企业所处环境的态势。

事实上,名人是社会发展的需要与大众主观愿望相结合而产生的客观存在。利用名人的知名度可加重产品的附加值,例如,可口可乐选择章子怡为品牌代言人,为了扩大宣传效果,其选择北京郊区的一家艺术俱乐部举行别开生面的新闻发布会,将新闻发布会的现场布置成广告片的拍摄现场,并邀请了60多家中港澳台媒体参加了新闻发布会,以广告片的模拟拍摄为开场,这引起了现场记者极大的兴趣。

② 体育攻略

体育赛事是品牌最好的新闻载体,体育背后蕴藏着无限商机,这已被很多企业意识到,如某次世界杯期间的"米卢现象"。像可口可乐、三星等国际性企业都是借助体育赛事进行深度新闻传播的,而作为中小型企业也可以做一些区域性的体育活动或者国际赛事的区域性活动,如迎奥运××长跑等。

③ 实事攻略

实事攻略是指通过一些突然、特定发生的事件进行一些特定的活动,在活动中达到企业的目的。实事往往需要有前瞻性,可以提前预知的事件要提早行动,以便抢占先机;对于突发的事件,更要具有迅雷不及掩耳的速度反应。实事基本分为政治事件、自然事件和社会事件。

④ 公益活动攻略

公益活动攻略是指企业通过对公益活动的支持引起人们的广泛注意,树立良好企业形象,增加消费者对企业品牌的认可度和美誉度。随着社会的进步,人们对公益事件越来越关注,因此对公益活动的支持也越来越体现出巨大的广告价值。

选择题

1. "病毒"营销的一般策划流程包括(　　)。
   A. 决定自己要干什么　　　　　B. 分清楚用户是谁
   C. 挖掘兴趣点　　　　　　　　D. 选择推广途径
2. "病毒"营销离不开管理,离不开实施过程中的引导和控制,主要包括(　　)。
   A. 有效追踪反馈信息　　　　　B. 及时调整"病毒"营销策略
   C. 有效控制"病毒"的负面效应　D. 完成评估报告
3. 下列对"病毒"营销的一般规律说法错误的是(　　)。
   A. "病毒"营销的基本思想只是借鉴病毒传播的方式,本身并不是病毒
   B. "病毒"营销并不是随便就可以做好的,需要遵照一定的步骤和流程
   C. "病毒"营销方案设计是需要成本的,并且实施过程通常也是要付费的
   D. "病毒"营销信息不会自动传播,需要进行一定的推广

学习任务四
进行网络营销效果分析与优化

 **任务导学**

　　网络营销效果分析及优化是对一个时期网络营销活动的总结，也为制订下一个阶段网络营销策略提供依据，同时通过对营销数据的分析，还可提供很多有助于增强网络营销效果的信息。

　　本次任务主要通过对网络营销活动实施效果的分析，学习网络营销效果分析的指标、方法以及网络营销效果的优化措施。

学习活动　提出网络营销优化建议

 **案例导读**

脑白金体网络事件营销效果分析

一、项目基本情况

（1）执行公司：欧赛斯。

（2）推广周期：2014.1—2014.2。

(3) 推广目的：形成热点话题,打造全网影响力。

二、项目手段

项目手段包括利用高创意爆点、新媒体活动、四大平台运作、从线上延续到线下等一系列口碑运作。

三、项目效果

作为国内保健品行业领头羊的品牌之一——脑白金在传统媒体上上演了营销奇迹,对于那句"今年过节不收礼,收礼只收脑白金"的广告语,国内从老到幼几乎无人不知。网络上流行的"脑白金体"则把这一奇迹延续到数字媒体上。2013年年底脑白金在四大数字营销平台推出"脑白金体"整合营销活动,活动上线第一天即吸引了10万"粉丝",当天活动整体曝光量超过1 000万人次,充分利用了新媒体平台的裂变传播效应。

本次网络整合营销由国内知名数字营销公司欧赛斯操刀,该活动上线3天就登上微博热门话题榜,关于活动的转发数为30万,各类"脑白金体"的版本有300多种,活动3天内的曝光量超过3 000万次,这是很惊奇的数据。在当时,无论是论坛还是微博上,"脑白金体"创意狂欢活动是当之无愧的当红话题。论坛大咖、新浪大微纷纷转发,无论是转评还是互动吐槽,让脑白金这个十几年的老品牌再度掀起网络热潮。"你所不了解的脑白金""脑白金体"等都成为网络热搜关键词,很多网友了解了脑白金,更深深记住了这个接地气,充满民生温度的品牌。

学习活动来源描述

王东及其团队通过采用多种方式进行网络推广后,品牌服饰专卖店获得了不错的流量,其网店也引来了大批网上客户,一时间,网上客户咨询应接不暇,这时数据分析、客户管理等工作提上议事日程。王东团队需要对网络推广的效果进行综合评估。于是,王东着手准备对数据进行整理和分析,即对用户的访问量到转化率等一系列指标进行监控和评估,以便不断调整网络推广手段。王东立即召集团队,进行明确分工,对网站数据开始收集分析、检测、评估。

学习活动内容

(1) 查询企业网站的百度收录数量和外部链接数量。
(2) 分析网站的关键词,并查询关键词在搜索引擎上的排名情况。
(3) 对比查看各项流量指标。
(4) 统计分析网站的访客转化率。

学习活动目的

(1) 了解网络营销中效果评价的一般标准和方法。
(2) 了解网络营销效果评价中各项指标的含义。

成果形式

网络营销效果报告。

学习活动准备

互联网、计算机、白纸、笔。

学习活动步骤

该学习活动以小组为单位开展,每组6~7人。
步骤1:登录站长工具平台,点击SED综合查询。
步骤2:查询网站的百度收录数量和外部链接数量。
步骤3:点击站长工具中关键词挖掘,查看并分析关键词指数、收录情况和排名情况。
步骤4:对比查看各项流量指标(按时段对比或按页面对比)。
步骤5:从访客停留时间、跳转率等数据分析客户的行为。

学习活动评价

对整个学习活动过程进行评价,特别是对学习活动过程中所取得的成果进行评价。评价主体包括学生本人、学习活动小组,同时指导教师参与评分。网络营销效果分析与优化学习活动的评价表如表4.1所示。

表4.1 网络营销效果评估实训评价

评价项目	查询收录、反链接、关键词排名(20%)	网站流量统计分析(40%)	访客行为分析(20%)	效果综合评估(20%)
评价标准	A. 非常准确 B. 一般 C. 不准确	A. 非常合理 B. 合理 C. 不合理	A. 非常合理 B. 合理 C. 不合理	A. 非常好 B. 较好 C. 不好
自己评分				
小组评分				
教师评分				
总得分				

说明:
1. 表格内按百分制打分。
2. 各标准对应的分数范围:A为80~100分;B为60~79分;C为60分以下。

学习任务四 进行网络营销效果分析与优化

1. 网络营销评估指标简介

网络营销效果评估是指通过定性和定量的指标,对企业实施网络营销的过程及最终效果进行评估,以剖析网络营销活动,为企业今后实施网络营销提供决策依据,达到获取最大网络营销效益的目的。网络营销效果评估的原则如下。

① 有效性原则。

应以具体的、科学的数据来评估网络营销的效果,评估工作应达到有效测定网络营销效果的目的。应采用多种评估方法,多方面综合考察,使通过网络营销效果评估得出的结论更加有效。

② 科学性原则。

在制订网络营销效果评估的指标体系、选择网络营销效果评估方法时,应坚持科学的态度,客观而准确地反映实际情况。

③ 发展性原则。

应坚持发展性原则,不断改进网络营销效果评估的技术,不断更新网络营销效果评估的方法,以适应网络营销技术的变化。

④ 长期性原则。

网络营销是一项长期性工作,包括营销实施过程的长期性、资金投入的长期性、投资回报的长期性等。对网络营销效果的评估是针对某一阶段而进行的,因此,在设计评估指标体系、选择评估方法时,应充分考虑到网络营销的长期性特征,既要评估当期收益,又要考虑长期回报,同时既要评估有形收入,又要评估无形资产的增值。

⑤ 技术性原则。

网络营销的技术性特征决定了网络营销效果的评估应尽可能地采用技术手段,力争以较为准确的数据说明网络营销的实际效果。

应根据网络营销的目标选择,确立相应的评价指标体系。评价指标体系是有效评价网络营销效果的重要依据。

2. 网络营销评估指标的制订

一般情况下,网络营销的效果往往不是指具体的某一方面,而是指网络营销的各种职能的总和,体现在企业整体价值的提升上。网络营销评价的指标包括多个方面的内容。

(1) 网络营销评价的经济指标

① 网络营销收入

网络营销收入指通过网络实现的产品销售总额。

② 网络营销费用

网上销售费用即企业进行网络营销所花费的代价,包括营销人员的工资和福利、网络营销运营费用、网站建设费用等,有些还包括物流费用。

③ 销售利润率

销售利润率是衡量企业销售收益水平的指标。销售利润率是指销售收入与销售成本和销售费用之差与销售收入的比值。

$$销售利润率 = \frac{(销售收入-销售成本-销售费用)}{销售收入} \times 100\%$$

④ 库存费用变动

库存费用变动是指网络营销对企业库存费用的影响。

⑤ 整个企业成本费用变动

整个企业成本费用变动是指网络营销对整个企业成本费用的影响。

(2) 网络营销评价的市场业绩指标

网络营销评价的市场业绩指标主要有以下几种。

① 市场覆盖率

市场覆盖率是指某一商品在所有潜在的销售网点的覆盖比率。它是企业产品的市场覆盖指标。它是企业产品的投放地区占全市场应销售地区的百分比。

$$市场覆盖率 = \frac{本企业产品投放地区}{全市场应销售地区} \times 100\%$$

覆盖率按照从低密度的覆盖到高密度的覆蓝可以分为独家分销、选择分销和密集分销3种类别。

② 市场占有率

市场占有率又称市场份额,指企业的销售量(或销售额)在市场同类品中所占的比重,可直接反映消费者和用户对企业所提供的产品的满足度,也可表明企业的商品在市场上所处的地位。市场占有率是企业的产品在市场所占的份额,也就是企业对市场的控制能力。

③ 新市场拓展情况

新市场拓展是指通过网络营销活动,拓展新的销售市场的情况。

④ 网上销售比率

网上销售比率是指网络营销在全部产品销售中的比率。

⑤ 顾客回头率

顾客回头率是指企业的顾客再购买的次数,反映了企业对顾客的维护能力,以及顾客对企业的忠实程度。

(3) 网络营销评价的技术指标

网络营销评价的技术指标主要有以下几个方面。

① 网站和网页设计

网站是网络营销的基本工具。企业网站和网页设计评价的基本指标包括网络的功能是否具备,内容是否完备,设计风格是否符合目标市场审美观点,视觉效果是否良好,网页是否具有吸引力等方面。此外,在评价时还要考虑主页下载时间,有无死链接,对不同浏览器的适应性如何等。

② 网站推广效果

网站推广是提高网络营销效果的重要手段。评价网站推广效果主要考察3方面的情况:一是搜索引擎的登录情况,包括门户搜索引擎、专业搜索引擎的登录网站数量及名次;二

学习任务四　进行网络营销效果分析与优化

是网站与其他网站的链接情况,包括行业内其他网站的链接和友情链接等;三是用户数量,包括会员登录和非会员访问数量。

③ 网站流量

网站流量指标包括独立访问者数量、页面浏览情况、页面浏览数、每个访问者的平均页面浏览数、用户在页面平均停顿时间和每个用户在网上平均停留时间。一般来讲,网站访问者数量越大,页面浏览频率越高,访问者停留时间越长,网站对访问者吸引力就越强,网站建设和推广效果就越好。

(4) 网络营销综合效果评价指标

网络营销综合效果评价指标主要有以下几种。

① 企业的品牌价值

品牌价值是企业价值的核心。在传统营销模式下,受企业资源和营销范围的限制,企业的品牌价值往往局限在某一地域或某一层次的市场中,提高企业的品牌价值往往要付出很多的努力。而网络营销突破了地域和时间的限制,使企业的品牌得到无限制的延伸,企业的品牌价值在低成本下得到迅速提高。

② 客户满意度

客户的满意是来源于多方面的,包括产品的质量、性能和价格,维修服务的效率,客户意见的传递方式、沟通的效率和途径等。网络营销借助互动式网络沟通,使企业充分了解客户需求,从而为客户进行一对一定制服务,企业通过建立问答平台,可以解答客户疑问,提高服务效率,从而提高客户满意度。

③ 企业管理水平

网络营销的实施改变了传统的企业组织结构和管理模式。提高企业管理水平也是网络营销效果的表现之一。

(5) 网络营销评价注意事项

网络营销目标如果是定量目标,如销售指标、市场占有率或经济效益等,对应的评价方式也是定量指标,可通过网络营销实施的结果与营销目标对比给出评价结论。

在网络营销中,许多企业的营销目标不是具体的数字指标,而是有效性指标,如提高企业品牌知名度,树立企业形象等。对这些营销目标的评价一般较为困难,需要进行定性分析和定量考察。

3. 网络营销效果分析方法

(1) 电子邮件营销效果评估法

电子邮件营销成本低廉,而且方便快捷、反馈率高、营销效果好,许多企业已将其列为首选的网络营销策略。电子邮件营销效果主要体现在电子邮件发送效果、电子邮件点击效果和电子邮件营销经济效果三方面。电子邮件发送效果评估指标包括邮件送达率和邮件退信率;电子邮件点击效果评估指标包括邮件开信率、引导点击率、附件(广告)点击率、反馈率和转信率;电子邮件营销经济效果评估指标包括转化率和直接收益。

(2) 网站流量效果评估法

网站流量效果评估法是对网络用户登录网站行为的信息进行收集整理,然后利用这些信息对网络营销效果进行具体分析,以引导企业获取更多的商业价值的方法。通过网站流量信息分析,可以清楚地了解网站对企业产品销售的贡献等。

网站流量效果评估法主要采用网站访问量、访问者特征、访问者行为及其他可度量的指标。访问者特征指标包括浏览器、网站访问者使用的操作平台、域名和指引链接等指标。访问者行为主要包括每个页面请求的平均时间、用户会话时长、平均用户会话时长和返回访问数等指标。其他可度量指标包括点击量、点击率等指标。

(3) 网络广告营销效果评估法

在广告提供商的服务器端安装专业统计软件,以获取数据。根据获取的相关数据,进行分析并生成详细报表。通过这些报表,广告主可以知道在什么时间、有多少人访问过载有广告的页面,并进入了广告主的站点。网络广告营销效果评估法主要采用网络广告传播效果评估和网络广告经济效果评估指标,其中,网络广告传播效果评估指标包括广告曝光次数、点击次数与点击率、网页阅读次数、转化次数与转化率,网络广告经济效果评估指标包括网络广告收入和网络广告成本。

(4) 网络营销综合效果评估法

网络营销综合效果评估法是指对企业实施网络营销的整体效果进行评估。企业网络营销整体效果是各种网络营销技术、方法综合作用所产生的。网络营销综合效果评估是对企业在一个时期内网络营销活动的总结,也是制订下一阶段网络营销策略提供依据,是网络营销工作中必不可少的重要环节。网络营销综合效果评估指标的主要类型有网络营销综合效果评估的财务指标、网络营销综合效果评估的网站质量指标和网络营销综合效果评估的客户指标,其中主要采用网络营销综合效果评估的财务指标。网络营销综合效果评估的财务指标包括销售额、营销开支、利润、市场份额、相对的投资收益率和市场渗透水平等;网络营销综合效果评估的网站质量指标包括网站设计评估指标、网站推广效果评估指标、网站使用评估指标和网站品牌价值评估指标;网络营销综合效果评估的客户指标主要从认知阶段、探索/扩展阶段、承诺阶段和解体阶段评估。认知阶段评估包括认知、态度和购买意向等指标;探索/扩展阶段评估包括来访人数、产品信息的请求次数、平均每位客户的购买量、获取客户的成本、转化率和客户满意程度等指标;承诺阶段评估包括重购率、永久性客户数量等指标;解体阶段评估包括磨损率、退货率和回头率等指标。

4. 网络营销效果分析的工具

(1) 网站流量统计与分析工具

① Google Analytics;

② CNZZ 数据专家;

③ 51Yes 网站流量统计;

④ 百度统计。

(2) 网站分析及查询平台

① 站长之家;

② 爱站网;

③ GO9GO 友情链接平台;

④ 站长帮手网;

⑤ Admin5 站长网;

学习任务四 进行网络营销效果分析与优化

⑥空软站长工具。

以上是一些常用的一些的网站分析及查询平台。对于网站运营工作人员来说,利用好这些免费工具,获取相关运营数据,将会让你对自己的站点有足够清晰的认识,从而更好地开展后期的网站推广运营工作。

5. 网络营销效果优化

通过使用网站营销评价指标和分析工具,对网站的推广数据分析判断,对推广中所使用的方法和工具进行评估。一方面,可发现最适合于本企业网站的推广方法;另一方面,可对推广效果不明显的推广方法分析原因,从而进行有效的针对性调整。网络营销效果主要从以下两个途径进行优化。

(1)增加企业网站外部引流,并增加外链。

外链就是指从别的网站导入到自己网站的链接。网站外链对于网站优化来说是非常重要的,网站外链的质量直接决定了该网站在搜索引擎中的权重。当然,内链是网站的根本,能够让搜索引擎更快地了解到该网站的内容及网站的清晰度,更有利于网站搜索引擎优化,所以网站内链也不容忽视。增加外链的方法有很多,下面介绍几种常见的方法。

①巧用论坛签名。可以在一些比较大的论坛中设置个人签名时,添加自己的网站链接,这样通过发表帖子和回复帖子,搜索引擎能够抓取到,用户也能看到该链接,这就达到了外链的效果。

②在搜狐博客、新浪博客、天涯博客、百度空间、和讯博客等一些大型博客上,可以注册一个账号,名字用自己网站的名字,在个人资料中把网站链接等信息写入,并写一些跟网站相关的内容或者把网站最新的文章更新上去,在文章中适当地加入自己网站的链接地址,这样网站就有来自博客的外部链接了。

③在百度知道、搜搜问问、QQ问问、天涯问吧、新浪爱问等上加入自己网站的链接。百度知道最大的一个作用就是可以直接带来转化率,用户一般习惯在百度里搜索问题,因此可以利用这一点来为网站增加外链。

④增加友情链接。增加友情链接也是优化中的一项,它主要的作用是提高PR值、提高关键词排名、带来一定的流量。增加友情链接的方式有两种:一种是通过友情链接交换平台;另一种是通过QQ群及一些其他方式进行交流后交换而得。

⑤可以在口碑网、赶集网、好喇叭网、百姓网、58同城网等一些收录比较快的网站发布信息,很多分类信息平台可以直接添加网站的链接,而且这些网站的权重都很高,网站本身使用的人群也比较多。

⑥写一些高质量的软文发布到各大网站,在软文中留下自己网站的链接。当然软文的质量要有一定的保证,一旦软文得到大众的认可,就会有无数的网友转载,当然此时网站链接也会被转载。

(2)进行网站站内优化,提升排名。

网站若想提高在搜索引擎中的排名,必须做好网站内部优化。网站内部优化主要从以下几方面进行。

①站内的链接结构。尽量改变原来的图像链接和Fash链接,使用纯文本链接,并定义全局统一链接位置。

② 网站名称及产品标题的定位。标题中需要包含关键字的内容,同时网站中多个页面的标题不能雷同。标题一旦确定就不要再做修改了。

③ 网站结构。假设原有网站为形象页面,网页中使用了较多的动画和图像,这些网页元素不利于搜索引擎的收录,所以在该网页的下方加了三栏(分别是相关的公司简介、关键字产品新闻和公司的关键词产品列表),并对该三栏内容添加了链接。此时,网站可以做一个从首页链接跳转至一个单页面,作为关键字的详细描述,该页面的描述内容包含了公司关键词产品列表链接。这些都是为了形成企业站点内的网状结构。

④ 网站中的内容。不管是什么引擎,原创文章的及时更新是非常重要的。新鲜的东西总是更能吸引搜索引擎。原创文章要在标题、内容等方面都做到独特,例如,和产品相关的文章需要在标题中体现出产品信息,文章本身就需要图文并茂。

6. 网络营销效果评估的步骤

网络营销人员应能够根据企业网络营销运行的实际效果进行网络营销效果评估,并撰写评估报告。网络营销效果评估的过程可分为7个基本步骤。

① 制订网络营销总体目标

做任何一件事都必须明确目标,故企业进行网络营销需要制订非常明确的目标。网络营销总体目标主要是根据网络营销计划书来确定的,并加以细化。在网络营销计划书中需清晰界定:建设网站的目的是什么,网站希望吸引的浏览者是什么人,利用网络想完成什么工作,网站建设者能为网站付出的是什么,网站一般的维护费用是多少等。如果目标不明确,营销人员工作时就不知道应该朝什么方向努力。

② 选择网络营销的评估方法

对网络营销企业的评估通常采用对比的方法。一是横向比较,通过与其他具有相同商业模式的网络营销企业进行比较,评估本企业网络营销的相对价值;二是纵向比较,通过与同行业其他具有相同商业模式的网络营销企业在某一成长阶段的评估标准进行比较,评估本企业网络营销的价值;三是历史数据比较,通过本企业现有数据与历史数据的比较,评估网络营销的效果。

③ 确定网络营销的评估标准

根据网络营销计划,确定网络营销的具体评估标准。在以后的网络营销效果评估过程中,应按已确定的评估标准进行效果评估。

④ 选择评估网络营销工作的基准点

网络营销系统评估是一个相对的过程,因此应该确定比较的基准点,使网营销的评估有一个较为科学的参照物。

⑤ 评估网络营销计划目标的实现情况

根据计划目标和评估标准,以基准点为基础,判断网络营销的实际效果,将网络营销效果与评估标准进行对比,评估网络营销计划的实现情况。

⑥ 得出可付诸行动的结论

网络营销人员通过对企业网络营销运行的实际效果进行分析,可评估已进行的网络营销工作是否成功,提出营销资源配置是否需要优化及怎样优化,哪些地方需要改进等,从而提出可付诸行动的结论。

⑦ 撰写网络营销评估报告

网络营销评估报告格式包括标题、摘要、关键词、目录、引言、正文、结论、参考资料、附录等九部分。引言主要包括评估目的、意义,评估采取的手段和方法的内容。评估报告的正文应是对评估工作详细的表述,占全文绝大部分的篇幅,主要内容一般应包括以下部分:a.网络营销总体目标阐述;b.网络营销的评估标准体系建立;c.网络营销的评估方法设计;d.网络营销运行实际效果数据收集分析;e.网络营销综合评估。结论包括对整个评估工作进行归纳和综合而得出的总结;将所得评估结果与计划目标比较后得出的问题;改进的对策及下一步工作的建议。结论部分集中反映了网络营销人员的工作成果,表达了网络营销人员的见解和主张。

一、判断题

1. 一个网站的页面浏览量(PV 值)有时大于独立访客量(UV 值),有时小于独立访客量。
（　　）

2. 访客停留时间的计算方法是用用户最后一次操作时发生的时间减去第一次操作发生的时间。
（　　）

二、选择题

1. 某音乐网站推广时,有 500 名顾客看到音乐推广广告信息,其中,有 100 名顾客点击广告信息进入网站,有 50 名顾客登录网站下载音乐,那么该音乐网站的下载转化率是(　　)。
　　A. 20%　　　　B. 10%　　　　C. 25%　　　　D. 50%

2. 评估广告是否吸引人,以及用户在看到推广信息或推广广告后,是否愿意进来看的指标是(　　)。
　　A. 点击率　　　B. 二跳率　　　C. 跳出率　　　D. 曝光率

参考文献

[1] 张卫东.网络营销理论与实践[M].北京:电子工业出版社,2009.

[2] 孟韬,毕克贵.营销策划——方法、技巧与文案[M].北京:机械工业出版社,2008.

[3] 江礼坤.网络营销与推广策略、方法与实战[M].北京:人民邮电出版社,2017.

[4] 叶龙.从零开始学网络营销和推广[M].北京:清华大学出版社,2017.

[5] 沈凤池,王伟明.网络营销[M].北京:北京理工大学出版社,2016.